许白昊画传

龙华英烈画传系列丛书

中共上海市委党史研究室　龙华烈士纪念馆　编

周春燕　著

上海人民出版社

龙华英烈画传系列丛书编委会

主　任：严爱云

副主任：曹力奋　王为松

编　委：薛　峰　年士萍　吴海勇　邹　强

出版说明

　　2021 年是中国共产党成立 100 周年，为回望早期中国共产党人"革命理想高于天"的信仰力量、艰苦卓绝的开拓斗争、舍生取义的无畏牺牲，从中汲取继续奋进的强大精神力量，由中共上海市委宣传部组织，中共上海市委党史研究室、龙华烈士纪念馆编写龙华英烈画传系列丛书，致敬为真理上下求索、为信仰奋斗牺牲的革命先驱们。

　　上海市龙华烈士陵园（龙华烈士纪念馆）是国民革命、土地革命时期著名英烈人物最为集中的纪念地。在新中国成立前中国共产党产生了 171 位中央委员，其中有 42 人牺牲，在龙华牺牲了 7 位，占六分之一；首届中共中央监察委委员 10 人中有 8 人牺牲，在龙华牺牲了 4 位，占二分之一；其他曾在龙华被押过的革命者更是数以千计。丛书首批选取 11 位英烈，按照其生平脉络，选取若干重要历史事件，配以反映历史背景、切合主题内容、延伸相关阅读的丰富历史图片，以图文并茂的方式叙写龙华英烈们在风雨如晦中筚路蓝缕的艰难寻路、为中国革命披肝沥胆的无畏与牺牲，彰显早期中国共产党人实现救国、救民的初心。

丛书所收录的图片和史料多源自各兄弟省市党史研究室、纪念场馆，以及中共上海市委党史研究室、龙华烈士纪念馆等机构的公开出版物及展陈，或源自英烈后代的珍藏。基本采用历史事件发生时期的老照片，但由于年代久远且条件有限，部分无法直接利用的老照片，或进行必要修复，或通过对现存史料进行考证后重新拍摄。

丛书反映内容跨度长、涉及面广、信息量大且年代久远，编写人员虽竭尽全力，但不足和疏漏之处在所难免，敬请广大读者批评指正。

目 录

许白昊画传

XU BAIHAO

| 一 |

走出应城　顺江赴沪

少年壮志

1899 年 6 月 9 日，许白昊出生在湖北省应城市南富水河畔杨湾一个农民家庭，又名白天、北浩、世光、赤光。

应城位于汉口西北约 80 公里处，地处江汉平原与湖北中部丘陵过渡地带，江汉平原北部，东以漳水和涢水与云梦为界，东北与安陆毗邻，西与天门、京山接壤，南与汉川相接。

应城是古蒲骚之地，战国时属楚地。秦时属南郡，汉高祖六年（公元前 201 年）析南郡置江夏郡，为安陆县地。东汉时仍为安陆县地，属荆州江夏郡。三国吴、魏交错其境。南朝宋孝建元

许白昊

年（公元 454 年）析安陆县南境置应城县，属郢州安陆郡。应城建县自此始。由于地处要冲，是安、荆两府咽喉，郧襄东道门户，应置城为守，因而得名。民国三年（1914 年）应城县属湖北省江汉道；民国二十五年（1936 年）应城划归湖北省第三行政督察区管辖。新中国成立后，属湖北省孝感专区。1986 年，经国务院批准撤县设市，现由孝感市代管。

许白昊出生于中华民族国难深重的时代。1840 年，西方资本主义国家为了开辟市场，扩展殖民地，开始武装侵略中国。在短短的十余年间他们发动了两次鸦片战争，中国被迫同英、法等帝国主义国家签订了一个个不平等条约，割地赔款，辟出租界，使

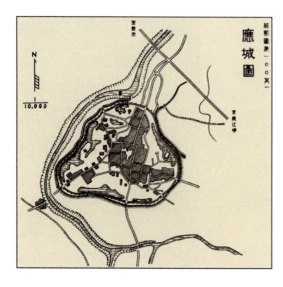

应城图

1899 年 6 月 9 日许白昊出生在湖北应城富水杨湾这间老宅中

列强在中国获得了多种政治、经济特权。鸦片战争后，中国陷入内忧外患的黑暗境地，中国人民经历了战乱频仍、山河破碎、民不聊生的深重苦难。19 世纪末，资本主义已进入帝国主义阶段，这时新崛起的美国，工业生产已跃居世界第一，它要成为各国侵华势力的霸主，因而在 1899 年照会俄、英、法、德、日、意各国，提出"门户开放""利益均沾"的政策，组成帝国主义列强侵华的"神圣同盟"，为以后组成侵华联军作了准备。20 世纪初，

许白昊 8 岁时就读于郭记私塾

中国面临空前深重的民族危机、社会危机，一向号称天朝的清王朝，已经完全屈服于帝国主义列强，只是维系着名义上的主权国家，实际大权操纵在列强手中。国家衰弱到极点，经济停滞，战乱连年，受人欺凌，任人宰割。1911 年 10 月 10 日，湖北革命团体文学社、共进会在同盟会的推动下，发动武昌起义，此后的两个月内许多省宣告独立，与席卷全国的群众斗争，终于汇合成中国资产阶级民主革命的高潮，清政府迅速解体，统治中国二百多年的清王朝和延续两千多年的封建帝制终于结束了。

许白昊幼时就读于本地的郭记私塾，后转入应城高等小学堂念书。因江汉平原连年遭灾荒，曾被迫辍学，随父亲做挑夫为生，家境不宽裕。1917 年春，许白昊考入设在省城武昌的湖北甲种工业学校，就读于机械科。

湖北甲种工业学校前身是工艺学堂，由晚清时期的湖广总督张之洞于 1898 年亲手创办。张之洞，字孝达，历任翰林院侍讲、湖北学政、四川学政、山西巡抚等职。1884 年擢升两广总督，成为封疆大吏，1889 年任湖广总督。张之洞早先是忠君爱国而偏于保守的清流党人，尔后由于在民族战争和处理政学事务过程中，发觉封建老路对富国强兵有害无益，逐渐形成"中学为体，西学为用"的变革思想，从而转变成为晚期洋务派中的最大代表人物。他深感外侮日亟、国弱民贫，仅靠八股文科举取士，不足以改国于富强，以为"中国不贫于财，而贫于人才，故以兴学为求才治国之首务"。故在其督鄂 13 年间，创办各类学堂、书院 30 余所，为当时各省之冠。从 1891 年开始，张之洞创办商务学堂，继而在 1893 年创设自强学堂，1898 年在武昌创设了工艺学堂。张之洞创办工艺学堂与其兴办实业是分不开的。在湖广总督任上，张之洞先后创办了汉阳铁厂、汉阳枪炮厂及布、纱、丝、麻四局等实业。在创办新兴工业时，由于当时工程技术人才稀缺，张之洞甚感捉襟见肘，因此特别强调工学。他在《劝学篇》中指出："工者，农、商之枢纽也。内兴农利，外增商业，皆非工不为功。"于是工艺学堂便应运而生。民国初年，武汉教育的发展步入艰难的阵痛期。武昌首义作为一次完全意义的资产阶级革命，对封建势力给予了前所未有的打击，同时，辛亥革命为新式教育的发展也扫清了不少障碍。因此，民国初年武汉教育近代化迈出了新的步伐。据《武汉教育史》记载："1913 年 8 月教育部颁布了《实业学校令》和《实业学校规程》，规定实业学校分甲、乙两种。甲种实业学校定为省立，分预科、本科，预科 1 年毕业，本科 3 年毕业，招收年龄在 14 岁以上，具有高等小学毕业的学生入学。"根据民国教育部的规定，省城中等工业学堂于 1914 年改名为省立甲种工业学校。

关于甲种工业学校的基本情况，在《武汉教育史》中有详细说明："1914 年，武昌开办甲种工业学校。于昙华林原省城中等工业学堂旧址。预科 1 年，本科 3 年……本科通习科目为修身、国文、数学、物理、化学、图画、机械工学大意、工业卫生、工业经济、工业簿记、外国语、体操、实习等专业科则分科肄业，如染织科之科目，为应用化学、应用机械学、化学分析、染色法、机织法、纺绩法大意、织物整理、制图及绘画等。"这一时期，由于军阀连年混战，民不聊生，学校处境艰难，维持不易。

1919 年，在北京发端的五四运动，以彻底的反帝反封建姿态登上了中国政治舞台。五四运动宣告了旧民主主义革命的终结，揭开了中国工人阶级领导的新民主主义革命的序幕，它像一声春雷，在全国引起了强烈反响。处在帝国主义、封建主义重压下的武汉沸腾起来，开展了声势浩大的斗争。甲种工业学校作为26个发起单位之一加入了武汉学生联合会，许白昊在爱国浪潮中勇赴国难，积极参与到这场反帝、反封建的伟大运动中。

1919年秋，许白昊离开武汉，辗转至江、浙、沪一带，在上海的机器厂做过工，在杭州的电机绸缎厂当过机修匠，也曾就读于上海中华职业学校。许白昊的学习成绩非常优秀，懂英语，青年时期的许白昊能做工，是有知识的青年工人。由于接受了新文化思潮的洗礼，他已经不满足于入职糊口，开始考求中国实业应如何发展的道理。

初登征途

上海是中国工人阶级的摇篮，是中国工人运动的重要发源地。在20世纪20年代，上海的工人数量已超过50万人，占全国200万产业工人的四分之一。早在中国共产党成立前，马克思主义已经在上海工人阶级中传播。1919年五四运动爆发，接受先进思潮洗礼的上海机器业工人就已经出现在上海的游行队伍中。许白昊来到上海后，成为上海机器工会的会员，并加入了中国劳动组合书记部，至此走上中国工人运动的道路。

中国现代工会是在中国工人运动发展的基础上，在中国共产党的直接领导下产生的。中国共产党成立之前，中国工人为了反抗帝国主义和买办官僚资本的剥削和压迫，也有过一些自发的组织，有的是带有封建色彩的帮口行会，都没有远大的明确的政治目标。1920年，北京、上海、武汉、长沙、济南、广州等地建立起共产党早期组织后，即积极深入到工人群众中进行宣传发动工作。长辛店和上海小沙渡两地是中国共产党最初开展工人运动的起点。党的第一次全国代表大会的第一个决议就明确指出：党在当时的重要任务是组织工会。并指出："工人学校是走向组织工会途中的一个阶段，所以必须在一切工业部门中成立这种学校。""学校的基本方针是提高工人的觉悟，使他们觉得有成立工会的必要。"

　　1920年8月，上海共产党早期组织成立后，负责人陈独秀在《劳动界》上发表了《真正工人团体》的文章，号召"觉悟的工人们啊，赶快另外自己联合起来，组织真正的工人团体啊"。在这期间，陈独秀经常把上海建立党组织和筹建上海机器工会的情况告诉毛泽东。与上海共产党早期组织有密切联系的李中被委派到沪东筹建机器工会。经过李中的努力，1920年10月3日，李中与杨树浦电灯厂工人陈文焕共同发起，在霞飞路渔阳里（今淮海中路567弄6号）外国语学社，召开上海机器工会发起会，100余名机器业工人到会，陈独秀、杨明斋、李汉俊、王平、吴

上海共产党早期组织和上海社会
主义青年团创办的外语教育机
构——外语学社

外语学社教室

溶沧等 6 名上海共产党早期组织成员，以参观者身份出席会议。会议通过了由李中与陈独秀共同起草的《上海机器工会章程》，并拟定了上海机器工会的宗旨，即：谋本会会员底利益，除本会会员底痛苦。会后租用西门路泰康里 41 号（原自忠路 225 号）为临时会所。筹备会多次在该会所召开理事会，商讨在机器工人中扩大会员和正式成立机器工会事宜。

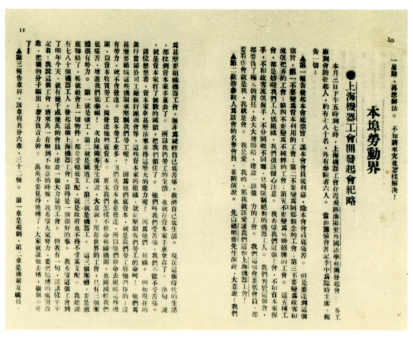

1920 年 11 月上海共产党早期组织发起组织了中国第一个现代工会——上海机器工会。图为《劳动界》刊登的消息

经过两个多月的努力，1920 年 11 月 21 日下午 3 点，上海机器工会终于在上海白克路（今凤阳路）207 号上海公学召开成立大会。成立大会当天，有机器工会会员、各方代表及来宾近千人出席，孙中山、陈独秀等社会各界代表纷纷前来表示祝贺。会场气氛热烈，盛况空前。大会由李中主持。孙中山在会上作了长达两小时的演说，他强调"贯彻民生主义，非在官僚手中夺回民权不可"。陈独秀也在会上告诫大家："工人团体须完全由工人组织，万勿容资本家厕身其间，不然仅一资本家式的假工会而已。"上海机器工会的建立，引起了国外工会组织的关注。1920 年 12 月 14 日，世界工人联合会执行部总干事罗卜朗（Roy Brown）专门发来贺电，贺电说："我们从美国的中国工人朋友中，听到你们竭力组织和教育你们国里的工人，我们因此希望你们的成功。"

　　上海机器工会以崭新的姿态出现。它明确宣布"第一不要变为资本家利用的工会；第二，不要变为同乡观念的工会；第三，不要变为政客和流氓把弄的工会；第四，不要变为不纯粹的工会；第五，不变为只挂招牌的工会"。这个工会是名副其实的工人的工会，《共产党》月刊称赞它是"办理得精神，有色彩的工会"。这是我国工人阶级第一个真正的群众组织、第一个产业工会，制定了中国第一份工会章程《上海机器工会章程》，共六章

上海机器工会旧址

上海机器工会临时会所遗址地块图

许白昊画传

上海机器工会临时
会所原建筑外貌

32 条，出版了第一份工人刊物《机器工人》。

　　许白昊加入机器工会后，在上海共产党早期组织的领导下，为了扩大影响，进一步推动工人运动发展，开展了各方面的联络工作，就此开始了工人运动的红色征途。根据规定，工会组织由各个产业部门的领导人、有觉悟的工人和党员组成，研究产业工会组织的工作方法等问题。创建工会组织的主要目的，是教育工人，使他们在实践中去实现中国共产党的理想。

赤色之歌

　　中国共产党成立后即以开展工人运动为党的中心工作，但是，中国共产党当时是一个秘密组织，为了实现中共一大制定的劳动运动的计划，共产国际驻中国代表马林提出，成立一个中国共产党指导全国工人运动的工作部。当时，张国焘认为，这个机构不是由各地工会选举产生的，不能称为总工会，他问马林，根据各国工人运动的经验，这个机构应该叫什么名称合适？马林建议叫"中国劳动组合书记部"。"劳动组合书记部"袭从日文，"劳动组合"意思是工会，"书记部"意思是秘书处，"中国劳动组合

中国劳动组合
书记部

书记部"就是中国工会的秘书处。他认为这个名称适合于马克思主义者从事工会的组织工作。

"劳动组合书记部"是全国工人运动的唯一领导者。以下几点表现出劳动组合书记部的性质：首先，劳动组合书记部及其分部是中央及其地方组织的工作机构。劳动组合书记部是中央为实现劳动计划，指导全国工人运动的工作部；其次，书记部组织原

中国劳动组合书记部（图中标红处）位置示意图

中国劳动组合书记部会议室（开会场景复原）

则、领导方式、经费来源进一步说明书记的性质。从领导方式来讲，书记部是以"特派员"的方式，沟通总部与分部之间的联系，它是通过党的组织系统来发挥其领导作用；从组织原则来讲，书记部的负责人是中共指派的，如张国焘、邓中夏等，它的最高领导机关是中共中央，书记部执行党的决议，是秘密状态下的党的公开活动的机关。

1921 年 8 月 11 日，中国劳动组合书记部在上海正式挂牌办公。主任张国焘，秘书李启汉，出版机关报《劳动周刊》。不久，又在北京、长沙、武汉、广州、济南等地设立分部。中国劳动组合书记部宣言中说："中国劳动组合书记部是由上海——中国产业的中心——的一些劳动团体所发起的，是一个要把各个劳动组合部联合起来的总机关。他的事业是要发达劳动组合，向劳动者宣传组合之必要，要联合或改组已成的劳动团体，使劳动者有阶级的自觉，并建立中国工人们与外国工人们的密切关系。"书记部的主要工作是，通过举办工人学校，出版工人刊物，对工人进行宣传教育，帮助工人按产业建立自己的工会，组织工人开展罢工斗争。在上海，书记部领导上海英美烟厂工人进行罢工并组织了上海烟草工会，之后在书记部领导的印刷、烟草、纺织、机器工会的基础上，成立上海各业工会代表团；北方分部领导的陇海铁路工人大罢工，推动了沿线各地工人运动的高涨和组建工会组

中国劳动组合书记部出版指导工运的《劳动周刊》

织的热潮；湖南分部除了在长沙和安源煤矿、水口山铅矿工人中创办工人学校、组织工人俱乐部外，还成功地改组了黄爱、庞人铨领导的湖南劳工会；武汉分部在工人补习学校的基础上建立了粤汉铁路工人俱乐部、京汉路江岸铁路工人俱乐部等产业工会，并先后领导粤汉铁路徐家棚机车处和汉口人力车夫的大罢工。这些工会组织活动和工人罢工斗争，揭开了第一次全国工人运动高潮的序幕。

许白昊加入中国劳动组合书记部，是李启汉引荐的。李启汉，又名李森，湖南江华人，上海社会主义青年团第一批团员，共产党早期组织成员，1920 年秋就在上海创办劳动补习学校，是中国劳动组合书记部的主要成员。那时，黄炎培正在上海开办中华职业学校，他是中华职业教育社发起人之一。中华职业学校招收了许多工读学生，许白昊就在其中。中国劳动组合书记部的人找他们开了几次会，有 30 多人主动与中国劳动组合书记部的人进行了接触。

许白昊参加了中国劳动组合书记部，《劳动周刊》开阔了他的眼界。不久，他以"赤光"的名字写了《工人歌》，发表在 1921 年 10 月 22 日出版的第 11 期《劳动周刊》上。《工人歌》中写道：

青翠的山，碧绿的原。

中国劳动组合书记部旧址陈列馆

中国劳动组合书记部旧址陈列馆内景

光华灿烂，锦绣河山。

此何人力？我们工人！

自作自受，理所当然。

快活日！快活日！

各尽所能！各取所需！

谁知世界，异样不平！

灿烂春华，权门世家。

玲珑秋月，瑶台朱阁。

我们工人，冻着饿着！

快活日！快活日！

不做工，你弗得食！

我们没有，我们有手。

我们没有，我们有口。

我们的口，不得自由！

我们的手，终日不休！

谁知光明：看在我们的口和手！看啊！

快活日！快活日！

光明世界，

只是工人！有口有手！

这首诗歌反映了一个 22 岁年轻人的认识水平和思想高度。许白昊为了争取工人的权利和自由加入中国劳动组合书记部,成为书记部属下的劳动组织研究会会员,站在了中国产业工人的最前列。

书生意气　初心入党

XU BAIHAO

远赴伊尔库茨克

北国边城满洲里，原名霍勒金布拉格，蒙古语为旺盛的泉水，以此地一处草原上奔涌不涸的泉眼而得名。20世纪初，沙皇俄国在中国东北修建中东铁路，设站于此。俄国人以满洲指代中国东北，这座中国境内第一站便被命名为满洲站，俄语称为满洲里亚，音译成中文就是满洲里。

出满洲里往北，经赤塔，西伯利亚铁路一路往西，直达莫斯科。1921年11月1日，许白昊到达这里。他将要由此出境，到伊尔库茨克去参加共产国际举办的远东民族代表大会。俄国十月革命胜利后，俄国共产党（布尔什维克）认为第二国际所属的各国社会民主党和第二国际已经变质，列宁提议成立第三国际取而代之。1919年3月，第三国际即共产国际在莫斯科成立。

1920年，共产国际召开第二次代表大会，列宁起草《关于民族和殖民地问题的提纲》，提出落后国家的共产党应在民主革命中同资产阶级民主派结成联盟。为了贯彻列宁的这个主张，1920年9月，共产国际执委会在巴库召开了东方各民族代表大会。会议名曰东方各民族，实际上并没有远东地区各国代表参加。共产国际发动各民族和殖民地人民闹革命，没有远东各国人民尤其是中国人民的参加，肯定会变成空谈。于是，共产国际决定在伊

伊尔库茨克共产国际远东书记处办公旧址

尔库茨克召开远东民族代表大会，并责成共产国际远东书记处
筹备。

　　1920年10月，驻在伊尔库茨克的俄共（布）西伯利亚州局
东方民族部，即稍后的远东书记处，致电在中国帮助建党的维经
斯基，通知他正在筹备远东民族代表大会，要求他了解中国工会
代表团是否有条件、可能和愿望到俄国出席。于是，后来参加了
中共一大的共产国际代表马林，一面派人到日本办理当地选派代
表出席远东民族大会的事务，一面在中国各地组织选派出席代表。

许白昊的代表证书，是中国劳动组合书记部属下的劳动组织研究会签发的。从上海出国到伊尔库茨克，通常是坐海船到大连，然后乘火车经哈尔滨中转，到满洲里再出境。与许白昊不约而同到达的有 7 个人，他们中有来自济南的王尽美和邓恩铭，两人都是中共一大代表。接着，邓培、林育南、夏曦、高君宇、宣中华、于树德等人陆续到达。

奉系军阀严防东北地区"赤化"，正常的办法是出不了关的。经过秘密交通员的周密安排和布置，许白昊和代表们终于分批安全地出境了。集合地点是距离边境 18 里地的俄方小站，代表们被安顿在一节三等卧车厢中。战争的创伤还未恢复，车厢的玻璃十分残破，只能用木板钉住挡风。代表们在远东共和国的首府赤塔稍作停留，再乘车去伊尔库茨克。伊尔库茨克是西伯利亚地区最重要的城市，共产国际远东书记处就设在那里。在赴伊尔库茨克的途中，许白昊和代表们都填了《代表调查表》，写明各自的基本情况。表格以中、英、俄三种文字绘制，许白昊用名许赤光，用中、英两种文字填写。这份尘封已久的档案文献，记载着目前所能见到的最为可靠的许白昊个人履历。其详情如下：

调查表　中华共产党部

1. 出生年月日及姓名：1899 年 6 月 9 日，许赤光

许白昊调查表

2. 受过几年的教育：十五年，湖北甲种工业学校毕业

3. 职业：机器工人

4. 社会的位置：工界

5. 你有什么委任状：劳动组织研究会的委任状

6. 属什么党派或团体：中华劳动组合书记部及劳动组织研究会的会员

7. 属什么工会：曾入机器工会

8. 什么时候到彼边什么地方：1921 年 11 月 1 日入俄边，满洲里

9. 来俄的目的：赴伊尔库茨克会议

10. 会说哪一国的话：略识英语

11. 你已经在俄国多少日子：没有

12. 等等

署名：许赤光

到了伊尔库茨克，许白昊和代表们被安排暂时住下来，原定的会址和会期都改变了，需要等待新的安排。

1922 年 1 月 21 日，远东各国共产党及民族革命团体第一次代表大会在克里姆林宫斯维尔德洛夫大厅隆重开幕。列宁、托洛

茨基、季诺维也夫和斯大林被推选为大会名誉主席。萨发洛夫、贝拉·库恩、罗易、舒米亚茨基，以及中国、朝鲜、日本等国的代表共17人当选为大会主席。

在开幕式上，片山潜代表共产国际执行委员会，加里宁代表全俄中央执行委员会，洛佐夫斯基代表赤色工会国际，许勒代表青年共产国际致了贺词。中国、日本、朝鲜、蒙古等国的代表和印度共产党、美国共产党的代表也向大会致了贺词。片山潜在贺词中指出，召开这次代表大会是为了在友好的气氛中自由讨论"如何消灭正在蹂躏和剥削中国、西伯利亚和远东的日本与西欧帝国主义"的问题。大会从1922年2月21日开幕至2月2日闭幕，共举行了十二次全体会议。会议的主要议程有四项：（1）共产国际执行委员会主席季诺维也夫作《关于国际形势和华盛顿会议结果》的报告；（2）各国代表团介绍本国情况；（3）共产国际东方部主任萨发洛夫作《关于共产党人在民族殖民地问题上的立场及其与民族革命政党的合作》的报告；（4）通过大会宣言。大会正式开始后，首先由季诺维也夫作《关于国际形势和华盛顿会议结果》的报告。这个报告揭露了日、美、英、法等帝国主义国家召开华盛顿会议的罪恶阴谋，号召远东各被压迫民族在俄国和西方无产阶级的援助下开展反对帝国主义、封建主义的民族民主革命。

根据这个报告，大会通过了华盛顿会议的结果及远东形势的决议。这个决议批评了中国、朝鲜资产阶级把美国当作亚洲"解放者"的错误看法，指出了"远东各被压迫民族获得自由和独立的有效途径，是远东各国劳动群众与先进国家的无产阶级结成联盟。只能和他们结成联盟去反对一切帝国主义者。"决议还展示出被压迫民族摆脱外国帝国主义桎梏后的前途和发展道路："远东各民族的劳动群众只有同世界无产阶级一起战胜帝国主义者，

远东民族代表大会主席台

才能保证自己的自由发展。"

中国代表团先后有五人在大会上发言。关于中国形势问题的主要报告人是张国焘。他在报告中介绍了中国无产阶级和农民处境，以及土地关系、学生运动和罢工运动等方面的情况。邓培介绍了中国工会状况和铁路工人、冶金工人罢工等情况。于树德介绍了帝国主义侵略中国，外国资本控制中国工业，外国货物充斥中国市场，致使手工业者破产等情况。张秋白介绍了国民党的现状和孙中山领导的南方政府的情况。女代表黄碧魂介绍了中国妇女运动的状况。在这次代表大会上，各国代表的发言反映出他们面临一个共同的问题，即共产党和各民族革命政党之间的关系问题。为了解答这个问题，共产国际东方部主任萨发洛夫专门作了题为《共产党人在民族殖民地问题上的立场及其与民族革命政党的合作》的报告。报告结合远东各国的实际情况，系统地阐述了列宁关于民族殖民地问题的革命理论，回答了有关殖民地、半殖民地国家民族民主革命的性质、对象任务和前途等一系列极为重要的问题。

大会的最后一项议程是通过宣言。这次代表大会的宣言首先痛斥了帝国主义侵略中国的暴行，揭露了华盛顿会议侵略中国的阴谋，并明确指出中国和远东各被压迫民族当前的革命任务是进行反对帝国主义和封建主义的民族民主革命。宣言表示"我们要

彼得格勒远东民族代表大会闭幕会场旧址

对剥削中国的中国封建军阀宣战，我们要对日本武人和官僚宣战，我们要向诡诈式的美国帝国主义和贪婪的英国投机家宣战，我们不得胜利，誓不休止！"宣言号召"在共产国际的旗帜下结成远东劳动者的牢不可破的同盟""全世界无产者和被压迫民族联合起来"，并要求把这个号召"传遍贫穷痛苦的农村，传遍遭受奴役的庄园，传遍工厂、学校和兵营"。

许白昊第一次参加远东民族代表大会，人生第一次亮相国际政治舞台。这个第一次在他的革命生涯中，打下了深刻的烙印。

在这个大会上，许白昊了解了列宁关于民族和殖民地问题的理论，了解了中国共产党的现实任务是开展民主革命，了解了中国革命的基础是工人运动，工人阶级应当与农民携起手来，思想上豁然开朗。参加会议以外，他参观了苏联的一些地方和博物馆、美术馆，观看戏剧，参加义务劳动，阅读马列主义理论和苏联革命政策，如职工运动与组织、农民问题、民族问题以及第三国际宣言与决议等书报，增长了阅历。远东民族代表大会之行，革命的理论和火热的生活，把许白昊引进了一个广阔的新世界，激发了他对于中国革命的热忱和对共产主义的信仰。回国以后，他便毅然加入中国共产党，从此把一切献给党，初心始终不变。

劳动大团结

从莫斯科归来，许白昊立即投入上海工人运动的活动。如何使广大工人群众迅速觉悟，组织真正属于工人群众自己的工会；如何使参加工读的青年学生们迅速觉悟，认识到工读并不是真正解决自己出路的正确办法，许白昊思考着。

1922 年 4 月 9 日，《民国日报》副刊"觉悟"刊登了许白昊撰写的《劳动团结易，劳动组织难》。这篇文章于 4 月 7 日写出，署名白昊。许白昊写道：

一个劳动团体中，如果参与者的阶级觉悟真能彻底，又能明了自己所处的地位，认清自己所有的目标，那他们必定会感觉到单一团体独自应付的能力太过薄弱，必定热烈地希望同阶级同地位、同目标的劳动团体都能团结起来。

　　若是空的超过于实的；那么，就是团结起来又与未团结有什么分别呢？至少要有实际的超过于空名目的；这个团结才不至于落空。我们试就实际上看一看：远的不讲，即就国内工业最发达的上海来说，上海这么多的产业机关，在一个完全产业之下的劳动组织有几个？即退一步说，满一千人的职工组合，组合体能完全表现工人的意志的有几个？我想亲爱的同志们一想到这两点上，恐怕都要洒一掬伤心之泪呢！

　　我们所贵乎大团结的，是因孤单的小组织力量不大，集各个小组织的力以增大其量的；如果没有各个小组织的力，这个大的量又从哪里增得起来呢？

　　亲爱的同志们不要误会我是反对大团结的——我只是要根本地注意到团结须有实力罢了。大团结有如何的实力，那就全靠每个劳动组织如何有实力了。

在许白昊看来，大多数劳动者如何需要组织，如何了解组织，如何运用他的组织，这些都是一个劳动组合成为有实力的重要元素。现在要把这些事项作为积极的功夫去做；那么，所谓劳动运动，才不是纸面上的，不是口头上的。他告诉人们：从基层做起，从实际做起，这些事项做得有成绩，则"中国劳动者大团结""世界劳动者大团结"，都是可以随时随地接气的。

五四新文化运动中，俄国托尔斯泰的泛劳动主义、克鲁泡特金的互助论和日本新村主义传入中国。这些具有空想社会主义特征的思想，受到中国知识分子的欢迎，被视为改造中国的可行途径。借鉴这种主张，他们提出了工读主义，创办工读互助团，要实行劳心与劳力相结合、教育与职业合一、学问与生计合一，试图把工读互助团办成人人工作、人人读书、各尽其能、各取所需的新组织，各地的这类新组织联络起来，实行大联合，从而创造出一个新社会。这是空想社会主义的改造中国方案。

1922年4月13日，许白昊结合上海大中华纱厂搞的工读主义，在《民国日报》副刊"觉悟"上发表《工读主义者该认清的教训》，谈了自己的见解：

> 一个人就是怕不知道他所处的环境，直接与他是何等的关系。成为优秀的个人，就是能明了所处的环境与他是怎样的关系；成为进化的民族，也就是能了解他们所处的环境与他们是怎样的关系。两三年来的苦学生，受旧经济制度的压

迫，不能使他读书了，因为光读书不能够饱天天要饿的肚子。于是想出了法子：一面要能继续读书，一面又能饱着天天要饿的肚子，这样就构成一个"工读主义"。

谁知道工读主义教训我们，不是能骑在老虎的背上游得布景的花园呢！那闹得热闹一时的北京和上海的两个工读互助团，早如泡影的旋生旋灭了，可哀的苦学生，还是不能遂其初志，因是该受了进一步的实际的教训：觉悟到此清一色的资本主义支配的社会当中，要想以缺乏生产能力的穷书生，占领黄金窟中一线颜色，是必不可能的事。可惜这是初度撞"金大王"的威，还不觉得这"金大王"是个铁面无情的阎君。尚以为前此的土读主义失败，是在自制的狭小范围中，若进而投入工厂里去（其实也只有入工厂之一法），借人家的工，遂自己的读，便只要我自己能勤劳做工，在"工"的一方面是无可虑的了。"读"是我的志愿，我既为读而工，还忧心什么呢？

这些人因没人援助，只好本着自动的精神拼命进行，费了一个多月的光阴，才租了房子，聘了教员，以及一切设备，才能正式开课。开课那天，该厂协理尹任先到场讲话，说："每日工作九小时，晚上还有什么精神去读书？晚上要读书，白天还能工作吗？一定要偷闲懒做，有误工程。"甚至干脆地说："你们要读书，就请出去读；要做工，就不要读书！"

你有的精神，你该只是全为我工作！

你先晚储蓄着的精神，该只是为我的明日的工作！

我招集做工的人，是要他抵全量劳动力偿给我的！

我所应当没收的全量劳动力，你岂能分出去读书！

大中华的"工读主义者"，现在该认识清楚了，现在的工厂里，除了能贡献所有的劳动力者，一切都是要"请出去"的呢！

这些话，是说给大中华的"工读主义者"听的，也是说给所有还做"工读主义"梦的青年朋友们听的。这篇文章发表不久，许白昊就南下广州，参加第一次全国劳动大会。

1922年爆发的香港海员大罢工，掀开第一次罢工高潮的序幕，并最终取得辉煌胜利。在此基础上，中共决定召开第一次全国劳动大会，以迎接罢工高潮的到来，并决定以书记部的名义来发起和召集。在取得广州、上海等城市及北方等十余个工会的响应后，1922年4月10日，书记部发出通告，决定5月1日在广州举行大会，并阐明大会是"为唤起各地劳动者的觉悟，速谋组织团体，而保全劳动者安稳的地位"，原则是"不分何党何

中国劳动组合书记部发出召开
第一次全国劳动大会的通告

中国劳动组合書記部关于
召开中国第一次全国
劳动大会的通告

全国各工人团体均鉴：
　　頃接各处工会来函，主張"五一"紀念节在适宜地点召集全国劳动
大会，以志盛典，且可以联絡全国工界之感情。本書記部亦認为有举行
之必要，特拟就宗旨及办法列后，請貴团体选派代表一人，持貴团体选
派証書，如期赴会为荷！
　　（一）开会宗旨：
　　（甲）紀念"五一"节；
　　（乙）联絡全国工界感情；
　　（丙）讨論改良生活問題；
　　（丁）各代表提議事件。
　　（二）每一工团要派代表一人。
　　（三）时間：五月一日起开会五天。
　　（四）地点：广州市。
　　（五）川費由各团体自备，在广州膳宿費由書記部供给，上海招待处
在英界北成都路十九号本部。
（原载1922年4月22日上海"中报"。）

第一次全国劳动大会旧址

派，只是工会便邀请其参加的指示"。同时确定大会的目的是：
（1）纪念"五一"节；（2）联络全国工界感情；（3）讨论改良生
活问题；（4）各代表提议事件。全国各地工会组织热烈响应，纷
纷派代表与会。

5月1日至6日，大会在广州正式召开。许白昊与来自全国
12个大城市、110个工会和34万有组织的工人的173名代表一
起出席了大会。"大会代表成分非常复杂，就其大者而言，有共
产党派有国民党派，有无政府派，有毫无信仰的市侩的或流氓的
招牌工会派，甚至还有工商合组的团体"，体现了代表的广泛性
和复杂性，同时也达到了大会团结全国工人阶级的目的。

在大会召开期间，举行了多项活动，很多都有书记部的作用
和影响。5月1日劳动节当天，大会组织全体代表与广州工人群
众数万人举行示威大游行，以"中国劳动组合书记部"的旗帜
为前导。代表和各行业工人手拿写着"全世界无产阶级联合起
来""劳工神圣"等标语的小红旗，这些标语都是中共和书记部的
主张。

队伍集中在第一公园召开盛大的纪念五一节大会，书记部主
任张国焘发表演说。5月2日，劳动大会正式开幕。张国焘主持
会议，带领代表们连续高呼口号"全国劳动大会万岁！""全世界
劳工联合起来！"南方分部主任谭平山向大会作筹备经过的报告。

大会经过民主讨论和多方协调，同意书记部代表李启汉的提议，通过并公开发表《全国劳动大会第一次会议宣言》。《宣言》分析了中国工人阶级的现状，总结了香港海员工人罢工的经验，指出了全国及全世界工人联合的必要性，号召全国工人阶级"要即刻联合起来，组成一个阶级的强固的紧密的阵线，向着资产阶级和压迫阶级作不断的奋斗"。大会还通过了《罢工援助案》《八小时工作制案》《全国总工会组织原则案》等十项决议案。这些决议案的内容体现了中共和书记部的主张。特别是"在中国全国总工会未成立以前，中国劳动组合书记部为全国总通讯机关"案，公认书记部为全国工运的最高领导机构。并且在大会上"每个决议案上差不多都有'大会委托中国劳动组合书记部如何如何'字

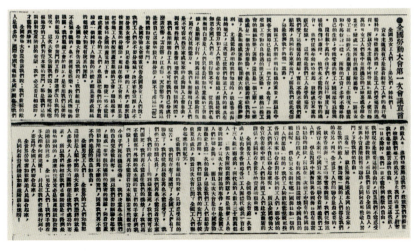

刊登在上海《民国日报》上的第一次全国劳动大会宣言

样，根据这些议决案，实际上中国劳动组合书记部已有指挥全国职工运动之权"。书记部的威信初步建立。

大会是第一次把中国工人阶级空前团结起来的全国性盛会，促进了工人阶级的团结和联合，在中共和工运史上都有重大的意义。大会通过了共产党提出的"打倒帝国主义""打倒军阀"的口号，通过了"八小时工作制""罢工援助""要求劳动立法以保障劳工利益""工会组织原则""铲除工界虎伥案"等决议案，并承认在全国总工会成立以前中国劳动组合书记部为全国总通讯机关。这次大会对进一步加强共产党对全国工人运动的领导，推动全国工人运动的发展和统一起了重大作用。

中国劳动组合书记部发起召开的第一次全国劳动大会，是中共领导工运从此走向团结和联合的开端。它促进了工会组织的联合工人阶级开始走向团结统一，初步确立了书记部在工运中的领导地位，推动了第一次全国工运高潮的深入发展。罢工斗争在全国各地普遍展开，并以书记部总部及各分部所在地为中心的几个罢工重点区，推动了全国工人运动的发展和组织统一。在其直接和间接领导下，以 1922 年 1 月香港海员罢工为起点，1923 年 2 月京汉铁路工人罢工为终点，掀起了中国工人运动的第一个高潮，并在"二七"惨案中国工人运动进入短暂低落、面临严重白色恐怖的情况下，掀起了全国工人运动和革命的新高潮。

这次全国劳动大会于五一国际劳动节在广州顺利召开，标志着先前曾受各种势力影响的工人组织，在书记部的领导下，开始走上团结统一的道路，中国共产党逐渐成为工人运动的唯一领导者。能加入这支光荣的队伍，许白昊深感自豪。

青年号角

出席第一次全国劳动大会期间，许白昊参加了在广州举行的中国社会主义青年团第一次全国代表大会。他是上海代表。与他

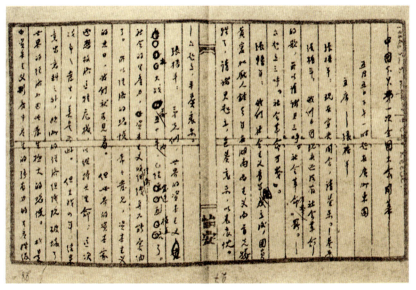

中国社会主义青年团第一次全国代表大会档案

同为上海代表的，是旅法归来的蔡和森。

社会主义青年团是中共早期组织建立起来的先进青年组织、第一个团组织，在上海由陈独秀指导建立。在中共建党初期，党组织与团组织实际上是不分开的，党员同时也是团员，一部分党组织的领导人同时也是团组织的负责人，党组织派人参加团的会议，团组织派人列席党的会议。所以，许白昊一加入中国共产党，同时也就成为团组织的一员。

1922年5月5日是马克思诞辰104周年纪念日。当天，中国社会主义青年团一大于广州东园开幕。大会确定在此时召开，意在表明中国社会主义青年团是信仰马克思主义的革命团体，是代表劳动青年利益的革命组织。

由于这次代表大会的开幕式是同马克思诞辰纪念大会和欢迎全国劳动代表大会一并举行的，因此，出席大会的除来自上海、北京、广州、长沙等15个地方团25名代表及青年共产国际的两名代表外，还有全国劳动大会代表和来宾共1500余人。中共领导人陈独秀、张国焘以及彭湃、李启汉等也出席了会议。

下午一时，张太雷首先向大会致开幕词。陈独秀作了《马克思主义两大精神》的演讲。在演讲中，陈独秀希望广大青年"能以马克思的实际研究的精神研究社会上各种情形，严重的是现社会的政治及经济状况"，"发挥马克思实际活动的精神，把马克思学说当作社会革命的原动力"。青年共产国际代表达林在会上作了《国际帝国主义及中国社会主义青年团》的演讲。

大会一共开了6天，举行了8次会议。会议听取了方国昌（即施存统）代表的青年团临时中央局和上海团的情况报告，以及各地代表所作的关于本地团的情况报告。会议通过认真讨论，5月10日晚，通过了《中国社会主义青年团纲领》《中国社会主义青年团章程》《青年工人农人生活状况改良的议决案》《关于政治宣传运动的议决案》《关于教育运动的议决案》《中国社会主义青年团与中国各团体的关系之议决案》和《加入青年共产国际决议案》。大会接受了中国共产党的主张，第一次明确地提出"铲除武人政治和国际资本帝国主义的压迫"。大会以无记名投票、

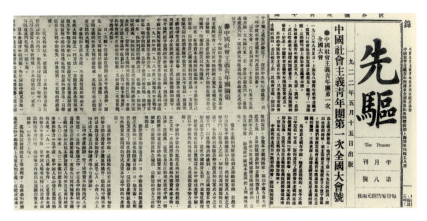

《先驱》上登载的关于中国社会主义青年团第一次全国代表大会的报道

过半数当选的原则，选出了团的第一届中央执行委员会，高君宇、施存统、张太雷、蔡和森、俞秀松当选为执行委员，施存统当选为书记。由此，中国社会主义青年团正式诞生了。

这次大会的成功召开，使中国社会主义青年团实现了思想上、组织上的统一，成为纲领明确的、全国性的先进青年组织。在中国社会主义青年团的一大代表中，同时出席过远东民族代表大会和第一次全国劳动大会的，许白昊是唯一一人，这是他踏上革命道路之初一段极其特殊、极其宝贵的人生经历。

随后，许白昊在中国社会主义青年团的带领下与各地的团员和青年一起积极投身工人运动之中，在罢工运动中始终站在斗争的最前列，团组织在工人运动的高潮中得到锻炼和发展。

二大代表

1922 年 7 月 16 日至 23 日，中共二大在上海南成都路辅德里 625 号李达寓所召开。关于许白昊是不是二大代表曾经有过分歧，据中共中央党史研究室 2002 年编撰的《中国共产党历史》第一卷记载，中共二大 12 名代表是：中央局委员陈独秀、张国焘、李达，上海代表杨明斋，北京代表罗章龙，湖北代表许白昊，湖南代表蔡和森，山东代表王尽美，广东代表谭平山，中国劳动组合书记部代表李震瀛，中国社会主义青年团临时中央局代表施存统，另外还有一人姓名不详。查阅中共中央组织部、中共中央党史研究室、中央档案馆 2000 年出版的《中国共产党组织史资料》第一卷，注释中有个说明：该书中共二大代表名单其根据是 1922 年 12 月 9 日的《关于我们党的组织问题（补充报告）》和中共六大《中共历次大会代表和党员数量增加及其成分比例表》。

《关于我们党的组织问题（补充报告）》是 1922 年 12 月 9 日，出席共产国际四大的中共代表团向共产国际提交的一份报告，报告是以俄文写成的，提到 1922 年 7 月在上海召开的中共二大时说"参加这次会议的有来自七个地区（上海、北京、山东、湖北、湖南、广州）七个代表，每个地区各一人。会议开了七天，就十个问题进行了讨论，并通过了一些决议"。但该报告中并没有具体的代表名单。1928 年 6 月 18 日至 7 月 11 日，中共六大在莫斯科召开，出席会议的代表在会议期间回顾中共一大至五大的情况时，整理出了一份关于一大至五大的代表名单，即《中共历次大会代表和党员数量增加及其成分比例表》，该文件是手写的，没有署名，依据这份名单的记载，出席中共二大的代表是："陈独秀、张国焘、李达、杨明斋、罗章龙、王尽美、许白昊、毛泽东、蔡和森、谭平山、李震瀛、施存统，共 12 人。"这也是迄今为止所能找到的时间最接近于中共二大有关代表情况的两份极为珍贵的原始文献资料，也是中共中央组织部、中共中央

中国共产党第二次全国代表大会会址

党史研究室、中央档案馆确定参加二大代表的原始依据。由此可见，许白昊应该是出席了中共二大的 12 名正式代表之一。

这次大会第一次明确地提出了彻底反帝反封建的民主革命纲领，指明了中国革命和中国工人运动的前进道路。

大会根据党的民主革命纲领和建党一年来工人运动发展状况，作出了《关于工会运动和共产党的议决案》。议决案指出：中国共产党是中国工会的组织者、领导者，"中国共产党在他的工会运动范围内，必须集中他的力量为产业工人的组合运动，如铁路、海员、五金、纺织工人等"。对于工会的职能，决议案指出："工会就是保护工人切身的利益和为工人的利益奋斗的机关。""工会务必把雇主们看作一个阶级来对抗，或对抗工头任意压迫工人的制度和包工制。"对于工会的性质和任务，决议案规定："工会的性质，不能与行会一样，不能有雇主在里面。同时，只要是赚工钱的工人，不论男、女、老、少，信仰，地域，种族，国籍，政见，熟练、不熟练等区别，都须加入工会。""工会最主要的活动是与资本家和政府奋斗；互相帮助，联络感情不过是次要的目的，因为工会是一战斗的团体，不专是共济的机关。""工会自身一定要是一个很好的学校，他应当花许多时候努力去教育工会会员，用工会运动的实际经验作课程，为的是要发展工人们的阶级自觉。""工会有两个最重要而须努力做到的职务：

一种是团体契约，一种是同样的劳动要得同等的工钱。"对于工会的组织，议决案规定："要很快地使他成为团结很紧的，中央集权的和有纪律的产业组合。""工会最好的基本组织是工厂委员会。"这个议决案规定了工会的性质、任务、组织原则和基本方法，为全国工会运动的发展指明了方向。

工
运
浪
潮

挥
斥
方
遒

XU BAIHAO

投身武汉工运

参加完第一次全国劳动大会和中国社会主义青年团第一次全国代表大会以后，1922 年 6 月，许白昊被中国劳动组合书记部派回武汉。

武汉是我国历史悠久的名城，有文字记载的史实可以追溯到三千年前。汉水在这里汇入长江，将它分隔为武昌、汉阳和汉口三镇。由于它地处我国内地中心，水陆交通方便，连接四面八方，素有"九省通衢"之称，很早就是长江中游的政治、经济和文化中心。唐宋时代江夏（武昌）、汉阳水运发展很快。李白曾用"万舸此中来，连帆过扬州"的诗句描述当时这里商船密集往来的盛况。15 世纪中叶（明代成化年间），汉水由龟山南改道龟山北，夏口（汉口）迅速发展起来，成为新兴的商埠和水运中心。到了 19 世纪中叶，汉水沿岸 15 华里，陆续建起木船停靠的"土码头"51 个。明末清初，武汉已成为我国华中与西部各省稻米、茶叶、竹木、棉花、药材、皮革、油盐等土特产品的最大集散地。1909 年（宣统元年），武汉已有榨油、碾米、铜器、铁器、竹木、皮革、汉绣、金银、成衣等 30 多个行业的手工业作坊 4600 余家，有数万名手工业劳动者、店员和码头工人。这些劳动者是以产业工人为代表的武汉工人阶级的前身。1861 年（咸丰十一年），英国首先在汉口开设领事馆并建立租界。1895 年至 1898 年，德、俄、法、日等国也相继在汉口建立租界。租界是殖民主义者进行各种侵略和罪恶活动的基地。各国租界在武汉的建立，表明武汉已完全沦为半殖民地化的城市。在这里，殖民主义者利用他们攫取的各种特权，对武汉地区人民进行了政治压迫、军事威胁和经济掠夺。他们掌握海关，设立银行、洋行，控制武汉经济命脉，将"洋货"源源不断地运进武汉并在市场倾销，严重打击了我国的手工业生产，使千千万万城乡手工业者破产失业，变成除劳动力以外一无所有的无产者。

中国劳动组合书记部武汉分部是 1921 年 10 月成立的。机关设在武昌黄土坡下街 27 号中国共产党武汉区委机关院内，后迁至武昌大堤口利群毛巾厂内。武汉分部主任先由中共武汉区委书记包惠僧兼任，1922 年 5 月第一次全国劳动大会后，由林育南担任。武汉分部是武汉党组织公开领导武汉工人运动的机关。武汉党组织成立初期，领导工人运动党的主要领导人董必武、包惠僧、陈潭秋、黄负生等以及后来入党的林育南、许白昊、项德隆（项英）、林育英、李书渠（李伯刚）、施洋等都参加武汉分部工作，领导工人运动。许白昊回到武汉，同林育南接头。大半年前，许白昊与他一同出席远东民族代表大会，现在一起领导武汉工人运动，成为了亲密的战友和伙伴。

林育南

项英

　　许白昊到任后，学习中国劳动组合书记部的办法，与林育南、项英等一起筹办了《劳动周报》，1922年12月，武汉分部出版了机关报《劳动周报》。《劳动周报》一方面报道世界各国、全国各地工人运动的消息和介绍工人斗争的经验，另一方面用通俗易懂的语言，向工人宣传组织工会、团结斗争求解放的革命道理，用以提高工人阶级觉悟，鼓舞工人斗志。

　　《劳动周报》四开四版，每周一期。设"短评""专件""论文""劳动新闻""文艺""时事要闻"等栏目。"短评"就工人生活、工人组织的具体事件发表评论，阐述组织起来的道理。"论文"以较长的篇幅，论述工人运动的基本问题。如项英的《省帮与阶级》，阐述了劳动者根据籍贯组织帮派彼此排挤的害处，指出劳动者生活困苦的真正原因是资本家的剥削，劳动者只有打破帮派地域观念，实行本阶级的团结，才能找到自己的出路。"劳动新闻"报道全国各地工人运动的动态，利用这些消息进行有针对性的宣传。如报道人力车夫会法律顾问施洋与外国资本家代理人谈判，用的题目就是《有堂堂正正之理由，有精密坚强之团结，自可战胜外国资本家》。"时事要闻"发表苏联工人阶级活动的消息，介绍国外工人斗争的情况。《劳动周报》则是以代表工人利益、发展工人组织、促进工人运动为宗旨，成为武汉工界的喉舌，独树一帜。

到工人中交朋友，组织集会，也是许白昊他们经常运用的方式。群众性集会和讲演，是五四运动以来常用的社会动员手段。特别是在罢工期间，工人走出了工厂，正是规模性集会的极好时机。这时候讲演，针对性强，时效性强，吸引力也特别强。

1922 年 10 月，硚口英美烟厂工人罢工。罢工期间，许白昊、林育南、项英、施洋等就在汉口济生三马路演讲。济生三马路一带，地面空旷，搭有高台，汉口的群众性集会多在这里举行。

一天，青年女工秦怡君和罢工女工们一起到济生三马路听演讲。秦怡君后来知道，这四个演说的先生，一个是许白昊，在汉冶萍工会；一个是林育南，在报馆工作；一个是项英，铁路工人；一个是施洋，律师。

许白昊和林育南发现秦怡君有胆量、有主见，是青年女工中的佼佼者，值得培养。一散会，他们特地找到秦怡君，了解她的具体情况，嘱咐她再来开会，说有事情商量。下午，秦怡君按时赴约。会上，组织罢工委员会要选一个书记，秦怡君认识几个字，就被选上了。

济生三马路的演讲和烟厂罢工，许白昊得以结识秦怡君。随着他们来往的增多，感情加深，后来结成夫妇。

经过罢工的锻炼，秦怡君被安排在武汉分部机关做事。这个机关，伪装成林育南的家，李求实、唐际盛也住在这个家里，秦怡君扮作林育南的妹妹。秦怡君瞒着家人做这份工作，不巧被发现，被困在母亲身边不能脱身。林育南、许白昊他们想办法，帮助秦怡君脱离家庭束缚。秦怡君先是逃到徐家棚平民学校落脚，次日，许白昊提来一只箱子，买了一身黑色棉衣裤，把她送到长沙清水塘毛泽东那里去了。

武汉分部成立后，先后派林育南、李书渠到徐家棚粤汉铁路，项英到江岸京汉铁路，许白昊到汉阳钢铁厂，林育英到模范大工厂，施洋、郑凯卿到人力车工人中去，从办工人夜校入手，逐步发展劳动组合。林育南在《施伯高传》中记述："因他们同志的努力，武汉劳动组合书记部成了工人阶级作战的参谋部，很得工人的信赖了。"各厂工人的劳动组合，在团结组织工人进行斗争中起了巨大的作用。由于中国劳动组合书记部武汉分部卓有成效地工作，使武汉工人运动迅速掀起了高潮。

领导汉钢大罢工

1922年7月初，湖北督军萧耀南、省长刘庆恩明令解散汉口租界人力车夫会。7月16日，汉阳钢厂工人俱乐部召开成立大会，军警包围会场，逮捕工人，开除俱乐部职员72人。汉阳钢铁厂工人为了保卫自己的组织，反对官厅和资本家的压迫，举行了声震全国的罢工斗争。武汉分部许白昊、林育南、林育英等参与了这次罢工的领导，成立了以许白昊为首的罢工委员会。罢委会联络江岸、徐家棚、扬子机器厂工人俱乐部和租界人力车夫会，按照第一次全国劳大通过的《罢工援助案》，发起成立武汉工团临时联合委员会，作为罢工的援助机构，依靠武汉全体工人的力量战胜军阀和资本家对工人的压迫。

许白昊、林育南、施洋等按期赴会，发现俱乐部的大门已被封闭，立即与工人们商量办法，决定7月22日举行全体大罢工。7月22日，汉阳钢铁厂罢工委员会发表《罢工宣言》，宣布全

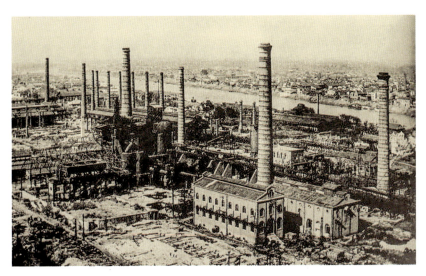

汉阳铁厂

厂罢工。《罢工宣言》揭露了厂方勾结军警摧残工人俱乐部的暴行，质问：约法所定的"人民有集会结社的自由"在哪里？《宣言》向厂方提出：解除军警压迫，恢复工人俱乐部内一切物件，以后不得干涉工人团体；恢复被开除工人原职并偿还其停工时的工资；赔偿俱乐部被解散及工人停工的损失，以及增加工资、改善因工伤亡工人的经济待遇等六项条件。同时，武汉工团临时联合委员会向全国各工团发出公函，陈述汉阳钢铁厂罢工的原因，并郑重表示：我们武汉工团本于工人一体主义，组织临时联合委员会，以为钢铁厂工友后援。我们现在尽力的帮助，到紧要的时候，我们愿取一致的行动，誓必达到目的而后止。

罢工开始后，全厂生产都已停止，只有最大的化铁炉还在冒烟。大化铁炉是全厂生产的命脉，只要它不停产，对工厂就不会有大的威胁。罢工委员会立即查明原因，原来是厂方为了破坏罢工，用重金收买了该炉工头韩老三。

罢工委员会紧急商量对策。会上，有的主张豁出去，把化铁炉毁掉，失业算了；有的则主张让它开着，免得以后失业。许白昊认为这两个办法都不好，如果能既不毁掉化铁炉，不致工人失业，又能使化铁炉停下来，迫使厂方在几天内答应罢工条件，那就最好了。

化铁炉还没停工的消息，是林育英打探来的。林育英是林育南的堂兄弟，许白昊问他有什么好办法，林育英建议："对工贼不要太文，对工友们不要太武，以免引起今后的不和气。现在坏的是工贼韩老三这个人，不是化铁炉的全体工友，所以，我以为提出一个'打死工贼韩老三'的口号就够了。"许白昊想了想，赞成这个分化瓦解的办法，大家也都同意。罢工委员会在厂内外贴出揭露资本家与工贼勾结，破坏工人运动的标语，吓跑了韩老三，挫败了厂方破坏罢工的阴谋。

大化铁炉工人参加了罢工，厂方慌了手脚，急忙向工人表示：前三条可以照办，其余条件可以磋商。22日上午，劳资双方各派代表开谈判会。厂方派出领工多名，出尔反尔，并威胁说：你们罢工，本厂受了很大损失。你们如果再不上工，就要停办工厂，你们也找不着工作。工人代表坚定地回答："要我们上工，除非厂主完全承认我们的要求。不然，我们死也不上工的。"以调停人身份参加谈判会的武汉各工团代表，要各领工转告厂主：不要过于固执，不要激起武汉全体工友们的公愤，到那时恐怕悔之晚矣！这次谈判，又一次粉碎了厂方企图胁迫工人复工的阴谋，显示了钢铁厂工人与全武汉工人阶级团结的巨大力量。

中国劳动组合书记部给这次罢工以极大支持。《工人周刊》印发了汉阳钢铁厂《罢工特号专刊》，详细报道了罢工经过，并发表《宣言》，号召全国工人积极援助武汉工人的罢工斗争。要求："（1）由各地工会通电湖北督军萧耀南，要求他惩办肇事的军警，并派人正式向工友道歉，恢复该厂工人俱乐部，以后不得侵犯；（2）由各地工会通电汉阳钢铁工厂经理，要求他完全接受工人要求的六个条件；（3）由各地工人捐款支持汉阳钢铁厂的罢工，直至他们能得到最后的胜利。倘若仍然不能屈服资本家和军警，各地工会应通告工人举行同情大罢工。"

全国各地工会纷纷响应书记部号召，声援汉阳钢铁厂罢工斗争。京汉铁路长辛店工人俱乐部、长沙粤汉铁路工人俱乐部、丰台京奉机务处工余学校，先后发来声援电报表示："各捐金钱以作该厂工友罢工时的日食费用，务使其能坚持到底";"如该资本家于最近期不能予该厂工友以圆满的答复和解决，则我们工界当大大地团结起来，作一致行动——罢工的援助，与恶魔作最后的决战。"援电警告钢铁厂当局："速即悔改，允许我们亲爱工友要求条件六则，以免酿出大祸，不然本部全体工友举行同情罢工以与援助，一切损失皆由贵厂担任赔偿。"

在汉阳钢铁厂工人和全国工人团结斗争的巨大威力面前，钢铁厂厂方已无计可施，只得向工人屈服。25日，厂方请江岸京汉铁路工人俱乐部南段总部、扬子机器厂工人俱乐部等工人领袖到钢铁厂商谈，表示答应工人要求，达成以下解决办法：（1）承认工人组织工会；（2）照给停工期间之工资；（3）化铁炉长工工钱增加为三角三分。此外口头声明：归还俱乐部的一切原物，开除的工人一律复职。至此罢工获得完全胜利。当天罢工委员会发表了上工宣言，26日全厂复工。

汉阳钢铁厂的罢工，是一次维护工人组织权利的政治罢工。罢工前，还不能打出工会的牌子，只能用工人俱乐部名称；罢工胜利后，公开建立了工会组织，会员迅速发展到2000余人。被厂方开除的工人俱乐部职员，受到工人拥护，选进了工会。共产党员许白昊被选为工会执行委员长。

汉阳钢铁厂罢工的胜利，标志武汉工人运动发展到一个新的阶段。在罢工斗争中，武汉工人阶级相互支援，团结斗争，改变了过去各厂孤军奋斗的局面；在组织上，摆脱了工人中长期存在的旧的封建行帮的束缚，开始实行了武汉三镇工人的阶级联合，为武汉工团联合会的诞生奠定了基础。

汉阳钢铁厂罢工的胜利，直接推动了汉冶萍公司各厂、矿工人运动的发展。9月6日，大冶铁矿正式成立工人俱乐部。安源路矿工人俱乐部的部员发展到万余人，并于9月14日举行了第一次胜利的大罢工。

汉阳钢铁厂罢工和工会的建立，许白昊指导了全过程，深得工人的信任。汉阳钢铁厂工会成立后，他实际也负担起工会的秘书工作。

任职武汉工团联合会

在中共二大精神指引下，武汉的工会运动在罢工高潮中迅速发展壮大。1922年7月23日，由汉口租界人力车夫会、江岸京汉铁路工人俱乐部南段总部、徐家棚粤汉铁路工人俱乐部、扬子机器厂工人俱乐部等四个工团发起成立了武汉工团临时联合委员会。汉阳钢铁厂工人罢工胜利后，即改为武汉工团联合会。这是全国第一个地方总工会。武汉工团联合会的正式成立，使武汉的工人有了统一的组织，标志着武汉工会运动已进入一个新的阶段。武汉工团联合会坚决保护工人阶级利益，做工人斗争的坚强后盾，对军阀政府和中外资本家具有相当的威慑力，在武汉工人中享有崇高的威望，在全国也颇有影响。

武汉工团联合会由林育南担任秘书主任，总理一切会务。许白昊、项英、李书渠等都在联合会中担任领导职务。武汉工团联合会成立后，主要进行了如下三方面的工作：

一是参与领导了声震全国的汉阳钢铁厂罢工、粤汉铁路武长段大罢工及扬子机器厂既济水电厂罢工。

二是建设武汉工人运动的大本营，推动武汉工会组织大发展。汉口租界人力车夫会建筑的会所，因费用浩大，独力难支，武汉工团联合会于9月3日召开所属各工团联席会议，议决接收这个会所，对尚短缺的一千八百串钱建筑费，由各工团筹集付清，会所建成后与车夫会共有共用。这是武汉工人阶级依靠自己的经济力量建筑的第一个工会会所，地址在汉口大智路品记里13号。从此，这个会所成为武汉工人运动的大本营，各工厂的罢工斗争，都在这里商讨决策，统一指挥。林育南在《施伯高传》中写道："从此这座广大的会所供武汉工人们聚集开会之用，而劳动运动遂一日千里的进步。"在短短的几个月中，"闻风兴起的工会有：武昌造币厂、汉口水电公司、大冶铁矿、丹水池煤油栈、武汉轮船、武汉染织厂等处工人组织工会。"

三是联合武汉十大工团为劳动立法向国会请愿。1922 年 8 月 16 日，北京政府召开国会，酝酿制定宪法。中国劳动组合书记部向全国工会发出《关于开展劳动立法运动通告》，《通告》说："惟吾等之自由屡受他人侵害，正式劳动工会始终未为法律所承认，同盟罢工屡为军警所干涉。凡此种种，均缘法律尚未承认劳动者有此种权利之故也。倘能乘此制宪运动之机会，将劳动者应有之权利以宪法规定之，则将来万事均易进行矣。"武汉工团联合会联合十大工团于八月底向国会发出《劳动立法请愿书》。《请愿书》说：

"自从国会恢复，全国舆论都注重制宪问题，我劳动者占人民之最大多数，居经济上极重要之地位，反素为社会所贱视，法律所摧残。近来我等内受生活之痛苦，外感时代之潮流，咸晓然于阶级，'觉悟'与'团结'的必要，以从事政治上经济上'应有权利'之要求。当兹国会行将制宪之际，我等根据正当之理由，提出劳动法案大纲十九条，具请愿书于国会，万恳各界同胞念我等最大多数之社会的生产者，反处于极悲惨不幸的境遇，主持正义，力与援助，务使劳动者的权利，在国家根本大法上有切实之保障。"

劳动法案大纲十九条，在武汉《大汉报》、上海《民国日报》上全文发表。其主要条文内容有：承认劳动者之自由集会结社权；承认劳动者之同盟罢工权；承认劳动者之团体的契约缔结权；承认劳动者之国际的联合；八小时工作制及每周休息一天的权利；女工产假休息并照常领取工资；禁止雇用童工；制定法律保障工人最低限度工资；工人应享受劳动保险与受补习教育之权，等等。劳动法案大纲虽然没有也不可能依靠军阀政府来实现，但通过报纸的扩大宣传，已深入广大工人之心，成为此后武汉工人斗争的纲领。

汉钢罢工胜利后，武汉工团临时联合会转为正式组织。林育南担任武汉工团联合会秘书主任，总理一切会务。许白昊、项英、李书渠等都在会中任职。工团联合会以大智路品记里13号为办公地址。人力车夫会在此兴建会所，因费用支绌，工团联接手完成修建，并与车夫会共同使用。

许白昊任职的武汉工团联合会，是中国共产党领导的最早的地方总工会。一经成立，当即声援和支持了粤汉铁路工人的罢工斗争。

粤汉铁路武株段罢工胜利后，湘鄂路局局长王世境见工人俱乐部势力日趋壮大，甚为恐惧，千方百计进行破坏。他指使监工张恩荣、员司苗凤鸣，利用同乡关系拉拢员工约60人，在徐家棚成立机车研究所，与共产党领导的工人俱乐部相对抗。张、苗等人一面造谣恐吓工人，说什么俱乐部是不法团体，工人加入俱乐部要送官查办；一面利用其职权，对参加俱乐部的工人进行诬陷、处罚、殴打以至开除。工人们对张、苗虐待工人的罪恶行径，早已痛恨万分。1922年8月底，张、苗又借故开除工人俱乐部负责人之一的吴青山，更激起工人们强烈愤慨。

中国劳动组合书记部武汉分部与湖南分部根据广大工人的要求，决定用罢工来反抗压迫、维护工人团体。参与领导这次罢工的武汉分部有林育南、项英、施洋，湖南分部有毛泽东、郭亮，何叔衡。在党的领导下，徐家棚、岳州、长沙新河等工人俱乐部共同组成粤汉铁路工人俱乐部联合会（以下简称俱乐部联合会），作为罢工总指挥部。总指挥部设在徐家棚，下设调查、留守、通讯、点名、检查、总务各委员，具体组织领导罢工事宜。

9月2日，俱乐部联合会向路局申诉张、苗罪状，要求开除张、苗，并限五日内给予答复。路局庇护张、苗，对申诉置之不理。俱乐部联合会又分别将要求电告交通部、两湖巡阅使吴佩孚和湖北督军萧耀南，并向湘鄂路局下最后警告，限其八日前开除张、苗二人，否则全路将一律罢工。到8日，路局仍无任何答复。俱乐部联合会即发表《罢工通电》，向路局提出将张恩荣、苗凤鸣革职，给吴青山复职以及增加工人工资等7项要求。9日起，从徐家棚到长沙，粤汉铁路工人为"解除压迫""维持团体""改良生活""增高人格"的大罢工开始了。

1922年中共领导的粤汉铁路徐家棚俱乐部成立

粤汉铁路全体工人告国人书

许白昊画传

援助粤汉路工人罢工斗争最有力的是武汉工团联合会及其所属各工会。杀伤粤汉路工人的暴行发生后，武汉工团联合会立即向全国各工会发出公函，向全国劳动阶级呼吁："大家联合起来，一同加入阶级争斗的前线！" 12日，武汉各工团代表30余人开联席会议，专题讨论援助粤汉工人罢工斗争问题。会议作出六条决议，主要内容是：要求萧督军立即撤退军队，释放被捕工人，抚恤受伤工人和伤亡工人家属，电呈交通部速派大员查明解决，以及在各种要求未达到时一致罢工援助等。会后将上述决议分别电告交通部、吴佩孚、萧耀南。武汉工团联合会又筹集五六千元，解决罢工工人生活问题。全国各铁路、各地工会，也纷纷援助粤汉工人，表现了工人阶级深厚的阶级情谊。

湖北全省工团联合会秘书科主任

为适应武汉三镇、汉冶萍公司所属大冶钢铁厂、下陆铁矿等工人运动大发展的需要，武汉工团联合会于9月27日开会决定，将名称改为湖北全省工团联合会（以下简称省工联会），会址不变。

10月10日，湖北全省工团联合会正式成立。这天是辛亥革命首义十一周年纪念日。武汉工人不顾当局禁令，借纪念辛亥革命之名，举行了近万人的庆祝活动。上午，各工团工友齐集大智路省工联会开庆祝大会。下午，工友们高举各工团旗帜，手持写有"劳工神圣""承认苏维埃俄罗斯""打倒国际资本帝国主义""要求普遍选举""劳动立法""男女平权""集会结社绝对自由""言论出版绝对自由""废止治安警察条例"等各种标语，进行示威游行。参加游行庆祝活动的还有武昌和汉口部分学校学生1000余人。

省工联会成立当天，即作出两项决定：一是统一工会名称，将工人俱乐部、职工联合会等一律改名为工会；二是恢复7月初被官厅解散的汉口租界人力车夫会工会组织。同日，省工联会的机关报《真报》，在汉口笃安里创刊。《真报》社长郭祖责，总编辑郭寄生，编辑林湘浦（林育南）、张子余、周无为。《真报》是武汉工人的喉舌，它公开申明："以拥护劳苦工人及一切无产阶级之利益为天职"。《真报》向工人进行马列主义理论教育，发布工联会的指示、命令；大力报道工人运动和学生、市民的爱国斗争；揭露帝国主义、封建军阀和资本家压迫工人的罪行，抨击社会弊端，深受广大工人的赞誉。

10月28日，省工联会召开武汉三镇各工团特别会议，通过了以下内容的决议：省工联会最高决议机关是各工团全权代表会，复决机关是各工团代表会，执行机关是干事局。各工团代表的产生办法是：200至300人的工团选代表2人；400至600的选

关于湖北工人组织工团联合会的报道

代表 3 人；700 至 1000 人的选代表 4 人；1000 人以上的选代表 5 人。各工团所选代表总数即为省工联会代表会议的法定人数。上述代表会议作出的决案，须经各工团之全权代表会讨论通过后交由干事局执行。

1922 年 11 月 26 日，湖北全省工团联合会召开代表大会，选举产生了领导机构。主席杨德甫，副主席张霖，总干事陈天，秘书科主任许白昊、副主任陈福，宣传科主任林育南、副主任潘笃，组织科主任项英、副主任孙叠芳，经济科分司库、司帐、庶务，由王少贤、严南光、霍棠、马冬阳、杨梅松、刘章分管，聘请施洋担任法律顾问、包惠僧为组织顾问、李汉俊为教育顾问。

　　湖北全省工团联合会成立后，工会运动更加突飞猛进的发展。到12月，参加省工联会的工会达27个，会员有48000余人。这27个工会是：汉口租界人力车夫工会、京汉铁路总工会江岸分会、粤汉铁路总工会徐家棚分会、谌家矶扬子机器厂工会、汉阳钢铁厂工会、武昌造币厂工人俱乐部、汉口水电工会、大冶钢铁厂工会、大冶下陆铁矿工人俱乐部、丹水池煤油栈工人俱乐部、武汉轮船工会、武汉染织工会、汉口棉花（打包厂）工会、汉冶萍轮驳工会、汉口英国香烟厂工会、武汉机器缝纫工

京汉铁路总工会江岸分工会旧址

会、汉口调济工会、汉口皮鞋工会、汉口蛋厂工会、鄂直豫蛋业工人联合会湖北分会、武汉洗衣工会、武汉电话工人俱乐部、汉口杂货工会、汉口牛皮业工会、汉冶萍总工会、京汉铁路总工会信阳分会和广水分会。

到1923年1月底，武汉有组织的工人约有6万余人。在武汉工会运动蓬勃发展中，被军阀控制极严的汉阳兵工厂工人也迫切要求成立工会。汉阳兵工厂工会早在7月初就已酝酿筹建，但因厂方阻力甚大，筹建工作只能秘密进行。自省工联会公开成立后，兵工厂工人感到有了靠山，于12月末在汉阳钢铁厂工会内召开有40余名工人代表参加的工会筹备会。工会筹备会刚成立，要求入会的工人就达到2000余人，许多工人纷纷签名立誓，以表达要求参加工会的迫切心情。

在武汉许多官办商办工厂的工人为改善待遇、建立工会而斗争的同时，一些外资工厂的中国工人也掀起了反抗野蛮虐待、维护中国工人人格的反帝罢工怒潮。汉口英国香烟厂（原英美烟公司）是英国资本家开办的大型卷烟厂，总厂设在上海，汉口是其分厂。该厂监工素来残酷虐待华工，任意调戏侮辱女工。1922年10月16日，因监工虐待女工，激起全体女工的罢工反抗，提出增加工资、罢免监工、取消虐待、成立工会等四项条件，要求厂方答复。英国资本家不仅不予理睬，反而以取消工作权来要挟工人，于 18 日贴出布告：凡不愿在本厂工作者，于 19 日下午交还牌照，结清欠薪，可以离厂。全厂 3000 余工人宁可失业，不惧威胁，到时一齐交还牌照，使英国资本家大惊失色。英国资本家又以无钱发薪进行刁难。工人们毫不退让，坚持要求发给欠薪，英国资本家请巡捕警察来厂弹压。外国巡捕手持皮鞭向工人乱打，并捕去女工 3 人。

21 日晨，罢工女工在工厂四周开演讲会，控诉英国资本家和监工、工头虐待侮辱女工的种种罪行。当时报载，女工控诉说："女工稍有不合，或关闭于木柜之内，手足不能伸屈，饥渴竟日；或以红黑涂面，强令立于窄凳之上，故使倾跌，以为笑乐；或反缚两手，以墨令强染面，环行场内，恣人耻辱。"女工们的血泪控诉，引起广大群众的同情，激起人们对帝国主义者的愤恨。英国资本家恼羞成怒，竟指使其爪牙将一工人拖进工厂，拳打脚踢，造成重伤。

帝国主义的暴行，激起工人极大义愤。全厂工人 22 日举行游行示威，齐到省工联会要求支持。省工联会积极领导了这次罢工。选出男工代表 26 人，女工代表 36 人，成立香烟厂工会，具体领导罢工斗争。同时，省工联会召集烟厂全体工人开会，商讨和资本家斗争的办法。

许白昊在集会上讲了话。23 日、24 日、25 日，连续召开会议，研究坚持罢工对策。大会通过了向英国资本家提出的反对虐待工人、增加工资等八项条件和取缔侮辱女工人格的"六不准"。

23日，省工联会向全国各工会、各界发出《通电》，揭露该厂帝国主义分子和走狗残酷虐待工人和任意侮辱女工的罪行，说明该厂工人不得已罢工的原因，呼吁该厂罢工斗争急切"待国人援助"。

24日，香烟厂工会召开工人代表会，讨论罢工问题。代表会决议：25日上午派代表与英国资本家直接交涉，如不得圆满结果，全体男女工人则长期罢工。在谈判中，英大班（经理）毫无诚意，激起工人公愤，烟厂工会于27日率领全体工人举行第二次游行。游行中散发传单，呼吁武汉各界人民"争回国民人格，体念工人困苦，赶快来援助"。

28日，省工联会召集汉口租界人力车夫工会、扬子机器厂工会等18个工团代表50余人开会，讨论援助香烟厂罢工问题。会议决定，由各工团捐款援助香烟厂工人之生活，以便使罢工坚持到底。

罢工近半月，上海总厂见汉口烟厂罢工日久，已给公司造成巨大经济损失，特派代表来汉，到省工联会要求调解。

次年1月19至20日，连续三次谈判。资方代表有上海大班娄斯、汉口大班其林姆；烟厂工会有男代表王春山、丁海山、李

汉口英美烟草公司旧址

占鳌、陈伯阶，女代表陈云卿、陈元芝等；许白昊、施洋、陈天代表湖北全省工团联合会，作为调停方参加谈判。至20日午夜3时半，方告达成协议13条。罢工在取得承认工会权利、增加工资、改善待遇等条件后，于22日复工。

援助英美烟厂工人罢工，只是许白昊当此工潮高涨中诸多事项的一例。他的工作由汉钢工会转移到汉冶萍总工会、湖北全省工团联合会，面更大、事更多，不负工人群众的信任和期望。

组建汉冶萍总工会

汉冶萍公司有工人3万余人，已分别组织了汉阳钢铁厂工会、汉冶萍轮驳工会、大冶钢铁厂工会、大冶下陆铁矿工人俱乐部、安源路矿工人俱乐部等 5 个工会。为促进全公司工人大联合，1922 年 11 月 12 日在汉阳钢铁厂工会内召开了汉冶萍总工会筹备会。到会的有：安源代表朱少连、朱锦堂；汉阳钢铁厂代表许显廷、马冬阳等 4 人；汉冶萍轮驳代表向忠发等 5 人；大冶钢铁厂代表胡少华等。会议推举朱少连为筹备会主席，马冬阳为经济管理员。会议决定汉冶萍总工会会址设在汉阳。筹备会讨论通过了总工会的组织细则，并决定由汉阳钢铁厂工会许白昊起草总工会章程草案。章程为 7 章 25 条，各项条款严密而具体。内容主要有：会名定为汉冶萍总工会；会址设于汉阳；以联络感情、互相辅助、群策群力、谋工人阶级之利益为宗旨：由安源路矿工会、汉阳钢铁厂工会、大冶钢铁厂工会、大冶下陆铁矿工会、汉冶萍轮驳工会组织之。

12 月 10 日，汉冶萍总工会成立大会在汉阳钢铁厂工会内隆重举行。参加成立大会的有汉、冶、萍三处工人代表和汉阳钢铁厂工友数千人，还有武汉、长沙各工会代表及各界来宾。领导安源路矿大罢工的著名工运领袖李能至（李立三）任大会主席。他在演说中指出：成立总工会是为工人求政治法律之保障，求经济的改善及求人格和地位的增高。

李立三顺势讲了一番必须组织工会的道理，他说："我们要知道组织团体，是工人运动必然的要求，是社会进化自然的现象；因产业进化，机器工业兴，而手工业失败，劳动者自己不能管理生产工具，只能终日勤苦地卖劳力于资本家，仅换得少许的工资，勉强维持其生活；于是要求增加工资，改良待遇，这是必然的趋势。年来国内各处工团，接踵而起，继续不断，其起源即是如此，本会之成立，也就是以上所说的自然结果。"

工会是工人自己的团体，为工人谋利益，替工人争出头。汉冶萍总工会应怎样才能不负全体工友的期望呢？李立三提出了总工会必须致力完成的三大任务：

一是求政治法律的保障。他说："我们劳动者，完全处于被压迫的地位；完全无参与政治之机会；法律上不能得平等待遇。我们要想减少痛苦，增高地位，一定要努力参与政治的舞台，要在法律上得到平等的看待，有集会、结社、言论、出版之绝对自由权和罢工权。"

二是求经济的改善。他说："经济的压迫，简直置我们于死地，我们汉冶萍工友的生活，非常悲惨，安源矿井工人每日劳作十几个钟点，仅仅只换得一百多钱，这怎能维持生活？做工时间长至十三四个小时，还剩几点钟？还够不够休息？所以，我们要求减少痛苦，一定要求经济的改善。我们要增加工资，减少劳动时间，改良工厂卫生设备，有受教育的机会。"

三是求人格和地位增高。他说："数千年来，我们工人受人侮辱蔑视，殊不知我们工人，乃世界的创造者，在社会上应占最高的地位。今后，我们要极力争取我们人格和地位的增高。"

汉冶萍总工会的成立，加强了这一联合企业中工人的团结。以前汉阳钢铁厂各领工因受厂方挑拨，在工会之外曾拉拢少数工人成立工余研究所。总工会成立后，该所工人都感到工人大联合的重要，自动解散工余研究所，加入工会组织。

1922年12月10日汉冶萍总工会成立大会在汉阳召开

汉冶萍总工会因组织严密、工人斗争力强而著称于全国，是我国成立较早的规模最大的产业总工会之一。它的成立并加入湖北全省工团联合会，对推动汉冶萍工人运动和武汉工人运动的发展都起了积极作用。

分处鄂、赣两省三地的汉冶萍公司五大工团，就像一只手掌的五根手指。现在，五根手指紧紧回收，攥成一只工人阶级的铁拳。第二次全国劳动大会召开，汉冶萍总工会便是四个发起工会之一。汉冶萍总工会是继粤汉铁路总工会成立后的又一产业总工会。成立大会结束，全体代表移步汉阳钢铁厂，拍下大合照，以资留念。

汉冶萍总工会与汉阳钢铁厂工会一起办公，许白昊自然地就兼任汉冶萍总工会秘书职务。

受命担当　坚守绝境

XU BAIHAO

助力京汉铁路大罢工

1923年1月5日，在郑州召开京汉铁路总工会第三次筹备会：推选杨德甫为京汉铁路总工会委员长，江岸分工会改由林祥谦任委员长。会议认为全路工会组织已经统一（当时共有16个分会），总工会成立时机已经成熟。筹委会决定：2月1日在郑州隆重举行京汉铁路总工会成立大会，邀请全国各铁路、各地工会代表和各界代表参加成立大会。

各地及各铁路工会接到请柬，无不兴高采烈，争相前往郑州。许白昊和湖北全省工团联合会的其他负责人一同组织武汉各工团代表赴郑，共襄盛举。许白昊以《劳动周刊》记者的身份参加活动。

筹备会将总工会成立事宜报告路局，局长赵继贤玩弄两面手法，他表面上同意召开总工会成立大会，暗地里却密电吴佩孚，胡说成立大会"未经地方官厅许可"，是"明目张胆，聚众招摇"，并下令对京汉铁路总工会的成立大会"预为防范，设法制止"。早已作了镇压工人运动准备的吴佩孚，即命令下属严密监视，禁止开会。28日，郑州警察局长黄殿辰到筹委会声称："奉吴大帅命令，禁止开会。"筹委会于30日派出代表杨德甫、凌楚藩、史文彬、李振瀛、李焕章五人，前往洛阳与吴佩孚论理。31

在郑州参加京汉铁路总工会成立大会的代表合影

日吴佩孚才会见工人代表。他阴阳怪气地说："我是宣言保护你们的！岂能和你们为难？这是你们局长来的报告，我已经允许了他，我已经下了命令，要禁止开会；我是军官，岂有收回成命的道理？……你们若是非要开会不可，我可没有办法了。"工人代表根据《中华民国临时约法》所订的人民有集会结社自由的条款，据理力争，仍无结果。赴洛阳代表当晚即赶回郑州。此时，南北各站及各地工会代表均已到达。在全路代表紧急会议上，大家群情激昂，一致决定不顾军阀的阻挠，仍按原计划召开京汉铁路总工会成立大会。

2月1日清晨，郑州紧急戒严，兵士荷枪实弹，沿街排列，如临大敌。全体代表不畏武力，于上午10时，由军乐队前导，列队从五洲大旅馆向花地岗普乐园会场进发。同时，郑州工友也整队来欢迎各地代表，并与代表队伍会合。在离会场不远处，被武装军队阻拦。代表和工人们冲破阻拦，涌进会场。大会主席宣布："京汉铁路总工会成立了！"群众高呼口号："京汉铁路总工会万岁！""劳动阶级胜利万岁！"黄殿辰领着警察赶来阻止开会，大叫："奉巡帅令，不准开会，限五分钟解散，有反抗的以军法从事！"同时，总工会预定的酒饭不准售出，总工会会所遭到封闭，会内一切什物尽被军队捣毁，代表所住旅社被重兵驻守，各代表言行受到严密监视，并被勒令离开郑州。

当天晚上，京汉铁路总工会召开秘密会议，决定将总工会由郑州移到汉口江岸，并于2月4日举行京汉铁路大罢工。

京汉铁路总工会秘密会议一结束，出席大会的武汉地区铁路工人代表和参加祝贺的武汉30多个工会的130余名代表，当晚即乘车返汉。武汉代表在车上召开紧急会议，决定由18个工会联名致电京汉铁路总工会及各分会，谴责军阀用武力强行解散总工会成立大会的罪行，表示"誓以死力拥护贵总工会之成立，切盼贵总工会下全体动员令，向万恶的军阀作最后之奋斗，必期争回集会结社之自由"。

2月2日，京汉铁路总工会负责人离郑来汉。3日，总工会迁移汉口江岸分工会内。中共武汉区委、武汉分部和湖北全省工

京汉铁路工人罢工

团联合会成员陈潭秋、包惠僧、林育南、许白昊、项英、施洋、杨德甫、陈天、林祥谦等参加组成罢工指挥中心，以京汉铁路总工会和湖北全省工团联合会名义出面统一指挥江岸和武汉的总罢工。《真报》的工作人员担任大罢工的舆论宣传工作。

　　按照总工会举行大罢工的决议，各分会进行了紧张的罢工准备工作。分别建立了工人纠察团、调查队，维持罢工期间治安纪律，巡逻放哨，探听消息。工会会员十人编一小组，推选组长一人，届时迅速召集，统一行动。全线工人同仇敌忾，一致表示："一切行动，完全听总工会命令。"

　　2月4日，京汉铁路总工会发表《罢工宣言》。《宣言》揭露军阀用武力野蛮破坏总工会成立大会的经过，郑重宣布："为保障我们的人格，为争回我们的自由……从本月四日正午起，京汉路全体一律罢工。"《宣言》提出撤革京汉铁路局长赵继贤等人职务；赔偿开成立大会之损失；归还总工会成立所送一切牌额礼物；撤退占驻总工会的军队等五条最低复工条件。

《宣言》发表后，震惊中外的京汉铁路大罢工开始了。上午 9 时，中段罢工；10 时，南段罢工；11 时，北段罢工；12 时，全路客、货车一律停驶，长达一千二百余公里的京汉路全部瘫痪下来。

2 月 5 日，军阀企图用武力强迫工人复工。湖北督军萧耀南派参谋长张厚生到江岸，在扶轮学校设立镇压工人罢工斗争的临

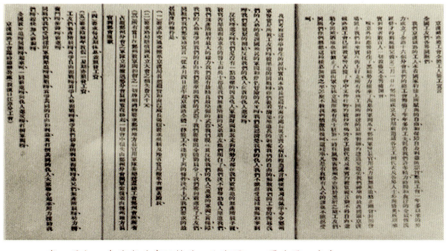

1923 年 2 月初，中共发动京汉铁路工人大罢工，图为罢工宣言

时指挥所。中午，派军队多人在工厂捉去司机二名，武装看押，强令开车，大智门车站已发售客车票。纠察团闻讯立即率工人2000余人冲破军警防线，将二名司机抢回。军队又捕去纠察团三名工友，要交换两名司机。项英等到军营要求释放，军队以枪毙相威胁。他们毫不畏惧，坚持将三名工友要回。江岸铁路工人战胜了军队强迫工人开车的阴谋。

同日，湖北全省工会联合会发表《援助京汉路总工会全体工会紧急宣言》，《宣言》强调："京汉工友这次的行动，不仅是他们一部分的事，（也）是我们全体工人的事。""京汉铁路的工会是我们全国最先进、最有力的工会。倘若他们的最高机关不能开成立会，甚至被解散不能存在，那我们后起的、力量薄弱的工会，还能成立，还能存在吗？"《宣言》号召武汉工人："一致向我们共同的仇人军阀及其爪牙反抗，援助我们京汉铁路的劳苦同胞。"《宣言》最后宣布："我们湖北全省工团联合会，已全体议决用实力援助京汉路的工友，到紧急时，我们全体（湖北全省各工团）决定取一致行动，宣告总同盟罢工，必要达到完全的目的。"

2月6日，陈潭秋等亲自组织了武汉各工团2000余人的慰问队，到江岸慰问罢工工人。他们在江岸分工会门前举行四五千人参加的充满团结战斗气氛的慰问大会。京汉铁路总工会委员长杨德甫致词，感谢武汉各工会的盛情慰问；省工联会总干事陈天、宣传科主任林育南、汉冶萍总工会代表许白昊、香烟厂工会女代表陈云卿、《真报》总编辑郭寄生、记者张子余、周无为等人发表了慷慨激昂的演说。许白昊坚决支持京汉铁路工人大罢工，指出："广大劳动者今后应当觉悟起来，少向军阀资本家乞怜，以直接行动为唯一手段向军阀资本家进攻；应当一致努力，援助京汉路工人此次罢工成功；这次罢工若不能于最短时间内获得胜利，则当一致同盟罢工加入战线，向军阀决斗。"

最后由京汉铁路总工会秘书长李振瀛讲话，他说："我们此次大罢工，为我们全劳动阶级命运之一大关键。我们不是争工资（争）时间，我们是争自由争人权。工友们，要晓得我们京汉工人责任如何重大，麻木不仁的社会早就需要我们的赤血来渲染了。工友们！这（反）军阀的火线上应该我们去作先锋！前进呵，勿退却！"慰问大会在震天撼地的"京汉铁路总工会万岁！""武汉工团联合会万岁！"口号声中结束。会后，举行了声势浩大的示威游行。游行队伍得到广大群众的热烈拥护，沿途自动加入游行行列的有 3000 余人。游行队伍从江岸出发，穿过五国租界到华界，街上巡捕岗警不敢阻拦。像这样闯进租界大规模的游行示威，在武汉人民反帝斗争的历史上是没有先例的。

这次罢工，是京汉铁路工人在共产党的领导下和武汉全体工人支持下，为了争人权、争自由、争组织工会，反对封建军阀和帝国主义的政治大罢工。威力很强，影响很大，波及全国，震惊世界；不但把武汉工人运动第一次高潮推向顶峰，而且把全国工人运动第一次高潮推向顶峰。

京汉铁路罢工后，帝国主义各国驻北京公使团召开紧急会议，议决向北京政府提出严重警告，怂恿军阀政府立即用武力镇压罢工。6日，汉口英国领事召集萧耀南的代表和英国资本家开会，策划屠杀工人的罪恶活动。吴佩孚在帝国主义指使下，向工人举起屠刀，制造了"二七"惨案。这次大屠杀是从江岸开始的。

由于京汉铁路总工会设在江岸，这里便成为军阀屠杀的重点。汉口镇守使署参谋长张厚生用了许多诡计，企图将总工会领袖诱骗出来，一网打尽，都被工人领袖识破。总工会提出调停谈判先决条件11条，并要求对等负责，保证安全。

2月7日上午，武汉学生、妇女、新闻各界又有许多代表慰问江岸工人。下午2时，张厚生派一警官到总工会说："奉萧督（军）命，特来邀总工会派全权代表开始谈判；如愿意，张参谋长即可来会晤谈，惟须先将全权代表名单开示。"总工会因防其诡计，开了一个假名单。不久，警官又来，约定总工会全体代表于5时在工会等候谈判。5点20分，张厚生以为总工会重要人物已在工会集中，即带领两营全副武装的军队，手拿绳索，分三路向工会猛扑过来，包围总工会并开枪屠杀。守卫总工会的数百名纠察队员奋力抵抗，但因赤手空拳，纷纷倒在血泊中，鲜血顿时染红了工会门前的场地。当时死在敌人屠刀下的有工人纠察团副团长曾玉良等32人，受伤者200余人，被捕60余人。工人纠察团虽遭大屠杀，仍坚守工会，相持数十分钟，得到总工会退却命令，才渐次退散。同时，军队包围工人宿舍，进行搜捕。江岸分会委员长林祥谦和数十名工人被捕，捆绑在车站电杆上。张厚生亲自提灯，找出林祥谦，逼林祥谦下上工命令。林祥谦断然拒绝。张厚生令刽子手先砍一刀，问："上不上工？"林祥谦高声回答："不上！"张厚生又令再砍一刀，又问："到底下不下上工命令？"林祥谦忍痛大呼："上工要总工会下命令，我的头可断，工是不上的！"张厚生命令再砍一刀。这时，林祥谦鲜血直流，晕了过去。等醒来时，张厚生狞笑地问："现在怎样？"林祥谦切齿怒骂："现在还有什么话可说！可怜一个好好的中国，就断送在你们这般混账王八蛋的军阀手里！"张厚生听了大怒，便命令将林祥谦杀死。共产党员林祥谦宁死不屈，英勇就义，为工人阶级的解放事业献出了宝贵的生命，为革命者树立了光辉榜样。牺牲时年仅31岁。

当晚，残暴的军阀军队趁机在工人家中任意抢劫财物，奸淫工人妻女。江岸福建街铁路工人住宅区，一夜之间竟被洗劫三次，工人妇幼哭声震天。

施洋

　　2月7日晚上，著名劳工律师、京汉铁路总工会法律顾问施洋也被捕入狱。15日，被敌人加以"煽动工潮"罪名，秘密杀害于武昌洪山。临刑前，执法官问他是否要写信回家？他愤怒大呼："我有什么信可写！我只希望中国的劳动者早点起来，把军阀官僚资本家和你们这般替他们做走狗的人一起都食肉寝皮！"执法官连叫开枪。共产党员施洋身受第二枪时，仍高呼"劳工万岁！"壮烈就义，时年34岁。

　　2月7日这天，京汉铁路沿线长辛店等地，也发生残杀工人事件。这次斗争中，壮烈牺牲的"二七"烈士共有52人，其中江岸39人。工人除被屠杀外，受伤者300余人，被捕者60人，有 1000 余人被开除出工厂，流亡在外。

惨案发生后，许白昊愤慨至极，力主领导各工团宣布总同盟罢工，反抗军阀的残暴。2 月 9 日，湖北全省工团联合会与京汉铁路总工会联名下《复工令》，劝工人忍痛复工。《复工令》指出："我们的敌人既用这样大的压力对付我们，我们全体工友为保全元气以图报复起见，只好暂时忍痛上工。本联合会深知日昨各业工友因敌袭击，痛苦流泪者不知凡几！切齿痛恨者不知凡几！愤不欲生者不知凡几！但本联合会极希望我亲爱工友镇静忍痛，不因此灰心，不因此出厂。须知吾人此时惟有忍痛在厂工作，才有报仇之日，才有打倒敌人之日。杀吾工界领袖林祥谦之仇誓死必报！言论出版集会结社罢工之自由誓死必争！军阀官僚中外资本家誓死必打倒！唯知其此，所以我们要忍痛入厂工作，才有以后的种种办法。"几天来，军阀、路局虽施加种种压力，强迫工人复工，工人终未完全上工，直到接总工会复工命令才复工。轰轰烈烈的京汉铁路大罢工，在军阀的血腥镇压下，遭到失败。

代表风波

1923 年 8 月，中国社会主义青年团第二次全国代表大会在南京东南大学召开。施存统回忆说许白昊参加了这次大会。其实，代表徐家工人团员参加青年团二大的，是林育南而非许白昊。为林育南出席南京大会一事，青年团湖北区委内部发生了一场关于代表资格的风波，牵连到了许白昊。

武汉青年团组织由黄负生、陈潭秋、包惠僧、李书渠、刘昌群等发起，于1921年12月4日正式成立。1922年12月17日，武汉青年团成立区委，下辖武昌、汉口、汉阳、江岸、徐家棚5个地方组织。任职于中共武汉区委的许白昊，一度被选为团区委候补委员。

徐家棚粤汉铁路工人罢工胜利后，参加罢工的青年工人纷纷入团，1922年12月，组成徐家棚地委，刘光国为委员长。到1923年5月，有团员40人。徐家棚团组织以工会为基础，团员都是工会会员，组织建设和日常会务一时还不能达到团章规定的标准。虽然有这些不足，但青年工人积极入团，有利于弥补团组织缺乏青年工人、多在学生中打转的缺陷，所以这无疑是个好现象。

正因此，团中央破格允许徐家棚团组织派一名工人代表，参加团的第二次代表大会，以促进团组织向青年工人群体发展。由于时值"二七"惨案之后，时局紧张，考虑到工人代表外出参会有遭资方开除之虞，就改派非工人代表出席，并得到团中央认可。这样，林育南就作为徐家棚代表，出席了团的二大，并当选为团中央执行委员。

1923 年 11 月 16 日，林育南回到武汉。他此行是根据团中央的安排，溯江而上，在南京、芜湖、安庆和武昌四地巡察，武昌是最后站。17 日，林育南分别同团武昌地委兼区委、徐家棚有关人员谈话。18 日上午，在武昌郊外洪山召开有 30 多人参加的会议，传达团的二大的精神和任务，研究并决定了近期团的主要工作。

24 日，李书渠在徐家棚召集团的会议，获知推举南京会议代表时，只推举了刘光国、李书渠二人，任择其中一人作代表，但并未推举他人。随后，在党的区组长会议上，李书渠便提出了林育南的代表资格问题，主张林育南应到徐家棚向工人同志道歉，由工人同志追认其代表资格。

1923 年 12 月 8 日，胡彦彬、李书渠、刘一华、胡云卿、叶云卿、柯先发、柯瑞山在徐家棚开会，胡彦彬报告团的南京大会至现在各方面情形，李书渠提出林育南出席南京大会一事，决定请林育南到徐家棚说明一切。

12 月 9 日，中共武汉区委致函团区委，称林育南作为徐家棚代表出席南京大会问题，决定移交团区委解决，请速解决。委员长包惠僧、秘书许白昊在函件上签了名。

同日，许白昊致信李书渠，说徐家棚代表问题，曾经同徐家棚团员同志正式、非正式地多次商量，开始是要选工人代表，一次未成，两次未成，第三次才提出刘光国、李书渠、林育南。后刘光国、李书渠因事不能成行，才派了林育南。他认为，现在否认林育南为代表，要搞追认是绝无价值的，那将是对林育南的极大伤害。他在信中邀约李书渠、胡彦彬，一同去徐家棚验证过往的事实。

12月11日，许白昊再给李书渠写信，告知他如约去徐家棚，但李书渠、胡彦彬并未前往。

12月16日，许白昊致信胡彦彬并转团区委，信中介绍了根据团区委刘昌群的通知，到徐家棚选派南京大会代表的经过，当时举出刘光国、李书渠、林育南三人，刘光国受湘区之约，要去湖南水口山，李书渠说有病不能赴会，只有林育南比较有空可以去。

同日，团湖北区委开会，胡彦彬、任开国、余世颂、刘昌群出席，许白昊、李书渠到会说明徐家棚代表问题。许白昊报告说：

此问题原系上次 C.P. 组长会由书渠同志提出，当时 C.P. 议案过多，公决交 S.Y. 区会讨论，故当时未议。

暑假接大会通告时，即赴徐招集会议，讨论此问题。到叶、武、杜、李等。均谓徐地不能派代表。二次会到叶、胡、杜等，仍不能选出代表，遂提议另设补救办法。

三次会到叶、杜、武、李华金、柯，决定找与该地接近能代表者充代表。拟推刘光国，因要赴水口山，遂决李书渠，后书渠因病不能去，又改推林育南。若此三人均不能去，则徐地恐难找代表。

后会期临近，刘、李均不能去，国君遂找育南去。

国君，即许白昊。

李书渠在会上发言，称在徐家棚开会，谈到南京大会代表问题，胡彦彬、叶云卿等均称不知林育南赴宁始末，否认曾推举林育南为代表。在党的会议上提出这个问题后，又同胡彦彬在徐家棚召集过会议，他本人被派为代表，但始终未接到正式通知。胡彦彬则在会上提出，这件事情，党的区组长会议是否交团区委来解决，或者交团区委照李书渠提出的办法执行。会议决定此事留待徐家棚负责人到会时再解决。结束时，胡彦彬因事辞去委员长一职，会议由余世颂代理。

区委当即给团中央写报告，大致汇报了关于林育南代表资格争议的情况。报告说：前些时，区委接到党的区委公函，称在党的区组长会议中，李书渠根据徐家棚工人的意见，提出他们只举了李书渠、刘光国两人做南京大会的代表，并未举林育南，决议由林育南到该地向工人道歉，并请追认其代表资格。此决议移交本区委会执行。

此事未及解决，李书渠、胡彦彬就联名发出致团中央暨各地方委员会的公开信，大范围公开了此项争议：

首先，宣称徐家棚团员并未经过正式手续，亦未经过训练，直到现在还未成立团的地委，并无资格选派代表参加南京大会。团中央特准选派工人代表出席是权宜之计，亦可看出任何非该地工人同志，都不能作为该地代表。

其次，公开徐家棚代表产生的经过。称工人同志只举出刘光国、李书渠为代表，并未举林育南，是许白昊让他们推举非工人的林育南做代表，林育南去得不明，来得不白，手续不合。事情发生后，党的区组长会与团区委提出林育南到徐家棚向工人同志道歉，请求工人同志追认其代表资格，许白昊先是默认，继则私向徐家棚同志辩解疏通，一错再错。团区委不能及时处理此事，竟表决将其作为悬案。

公开信认为此事不合团体纪律，有违团体章法，应当予以严厉追究。要求各地团员一致主张，请求团中央撤销林育南团中央委员职务，剥夺许白昊半年表决权和被选举权。如果二人仍不认错，则要求全团同志都向团中央提议，请其开除许、林团籍，急行召集临时全国代表大会重新讨论一切。如果团中央不能采纳此案，则请开除李、胡二人团籍。

12月17日，李书渠又以个人名义，给党的区委写信，再次强调林育南参加南京大会是非正式的，继续申述"道歉""追认资格"的要求。

李书渠给团中央写公开信，这对团中央而言是前所未见的。信中提出的要求甚为严厉，而列举的事实只能说是一面之词。团中央十分重视，先是要求团区委彻查此案，不能作为悬案，继则特派恽代英来汉，以特派员的身份全权调查处理。

那时，党和团在组织上尚未明确分开，团区委内部这一纠纷，势必牵到党内来。1924年1月1日，中共武汉区委开会，会中再次讨论到这个问题。当日出席会议的有包惠僧、李立三、许白昊、李书果、胡彦彬、叶云卿等。

包惠僧报告了区委处理这个问题的经过。李书渠在会上重述了他几封信的意思。许白昊针对李书渠的信做了一些解释。来自徐家棚的叶云卿，介绍了推举林育南的情况，大意是：

> 徐家棚选举赴 S.Y. 此次大会的代表，本来只李书渠与刘光国二同志。但自京汉路惨杀以后，工友们的行动极不自由，仅有云卿同志一人接洽，而派往徐家棚担任工作的人又时常变动，所以工友同志对于团体的组织极不明了。到了大

会要开会的时候，才临时商量由育南同志为出席代表。但这事只有云卿同志一人知道。他也没有告诉所有的工友同志。因为他们信同志如兄弟，同志中无论谁做事都是一样的。

叶云卿的发言，细节与许白昊所说有所不同。包惠僧即提议依据这个事实解决问题，李书渠重申按照他此前提出的办法加以解决，许白昊则"绝对主张依法律问题解决"。

1924年1月14日，恽代英到达武昌。恽代英原籍江苏武进，生于武昌。武汉地区五四运动的主要领导者，时任团中央执行委员、宣传部部长，在武汉革命群体中具有极高的威望。

15日，恽代英与刘昌群谈话。16日，与刘念祖、任开国、余世颂、廖如愿谈话。经过初步了解，恽代英大致得出如下几点认识：

第一，根据工人提供的情况，许白昊在推举代表问题上，"应认轻率擅专之过"。同时，他也认为工人关于以前只举刘光国、李书渠的发言，有无内幕无从得知，亦绝不能问，即使按此办法使许白昊有屈，亦只得如此。但最好不使他因此离开团组织。恽代英说"绝不能问"，是从保护工人参加团的活动的积极性出发的。

第二，林育南若非勾通作弊，则不应有过，南京大会代表资格及中央执行委员资格更不与此相涉。

第三，党的区委若真说是决定办法交团区委执行，那是干涉了团的内部独立，根本不能认为有效；假若没有决定实行办法，那是李书渠假名劫持。所谓"干涉了团的内部独立"的说法，是基于当时党与团的关系的认识。事实上，党对团的领导是政治领导、组织领导、思想领导，是大政方针的领导，而非具体事务的包办。

第四，说徐家棚不成立地委，则湖北何以成区；区委未将问题列为悬案，何以成为悬案；这些问题不成立，而且李书渠、胡彦彬的公开信"根本非法，均应受罚"。同时，他也认为即使罚，亦应从公意、从轻，总的目的是公平了结，并尽量不妨碍今后的团务发展。

恽代英预备还要与李书渠、林育南、许白昊、刘一华、包惠僧、马念一等人谈话，做进一步了解，为正式会议做准备。1月17日，他将初步工作的情况写信汇报给了团中央。

1924年1月22日，恽代英主持临时会议，处理林育南南京代表资格一案。恽代英首先说明此行目的和办事原则，强调此来一则希望明晰此案真相，以求公允解决，二则希望解决此案以后能消弭嫌隙，利于团务进行。会议的方法是先求明白是非，再定处理办法。

团区委委员长余世颂简单报告了问题的提出以及处理的经过。然后，恽代英逐一提出问题，现场质证，以事实为基础，以规则为准绳，最后逐一得出结论。

关于许白昊的责任问题：

第一，对于李书渠的被选，是否未经通知。李书渠表示确未接到通知。刘昌群说：许白昊让他通知李书渠，他应允了，也说许白昊可与李李书渠接洽，不知他何以未去。他自己曾非正式地告诉过李书渠。

许白昊说：关于通知书渠同志一事，曾经托过昌群同志，至昌群同志应允以后，曾嘱我仍自己通知，亦系属实。但我因住汉口来往不便，以为昌群同志总当通知了，彼时书渠同志正在病中，故亦以为不能去。

据此，恽代英作出评判：刘昌群当时虽非委员长，但实际属负责之人，既经许白昊告知，而未正式通知李书渠，应负一部分责任。许白昊既经刘昌群嘱自去通知而未通知，亦应负责。

第二，林育南的被选，是否未经工人推举，纯系许白昊指派。叶云卿、胡云卿、柯瑞山、李华金发言，叶、柯、李声明选举过林育南，只有胡云卿说后来才知道。李书渠说从陈学渭处得知被举为代表，曾表示也许去也许不去。包惠僧、马念一强调叶云卿的发言与过去不同。

许白昊说：举育南同志做代表时胡云卿同志未到会，育南、书渠、光国三人是次会举出。至于谁提出育南，则已忘记。但非我所提出。

据此，恽代英作出评判：胡云卿、李书渠等发言，不知曾举林育南为代表，叶云卿、柯瑞山等发言，刘光国、李书渠、林育南三人并非同时举出。他们说举林育南系许白昊提出，许白昊所言与他们的证言不符。现照证据判断，许白昊应负责任。至于叶云卿一说经五人开会决定举林育南，一说许白昊与他一个人商量，前后矛盾，也须负一点责任。

第三，许白昊是否在徐家棚召集了不合法的会议。李书渠强调许白昊并未受党的区委或团区委指派。

许白昊说：白昊往徐埠，是先与彦彬同志约过，临行时彦彬曾叫我通知徐埠同志。后我去徐埠，彦彬不到，我亦只向工友同志说，请他们到大会据实说明，不应认为私地疏通。

据此，恽代英作出评判：许白昊所言，既经胡彦彬否认，又不能提出反证，是否疏通一节，固然不应无所根据地加以揣度，但团的会议记录有"赴徐招会"，许白昊应负召集不合法会议之责。

关于林育南的责任问题，他自己做了申述。包惠僧认为林育南参会未带议案，不符代表之意，且他是由许白昊、刘昌群两同志所派，未建筑在徐家棚多数同志之上。马念一认为林育南个人应无责任，但其代表资格有问题。

恽代英指出：林育南作为代表，系受负责人委托，既有证书，即使发生代表资格问题，只应由发证人许白昊负责，他自身应无责任。至于代表是否须带本地议案，南京大会并无此强制办法，与林育南的责任问题亦无关系。南京大会代表资格问题，区委拟削去林育南团中央执行委员之职，一则林育南本人不应无故受罚，二则团中央执行委员系大会选举，即使不到会也可以被选。所以，南京大会选举林育南不存在问题，也就没有削去其团中央执行委员之理。

关于李书渠、胡彦彬的责任问题。第一，徐家棚为地方团，何以说非地方团。许白昊说他当时是徐家棚地方团的负责人。余世颂说徐家棚地方团经过了团中央的核准。李书渠坚称不是地方团，包惠僧也称事实上未成为地方团组织。

恽代英指出：徐家棚经团中央核准为地方团组织，未经取消；有负责人证明系地方团；有团员40人。故此，否认徐家棚为地方团组织，并无证据。再则，此时已有区委，徐家棚若非地方团，何以成区？在这一点上，李书渠、胡彦彬应负失言之责。

第二，南京大会已许非工人代表出席，何以现在发生疑问。恽代英指出：上届团中央只表明最好是举工人代表出席，并未禁止举非工人，且有证据证明许白昊先请工友自己举人，工友以工作关系不能去，可见许白昊并非故意违反团中央的意思。林育南到会后，其代表资格得到了大会的确认。现在仍坚持工人与非工人之别，并不妥当。对此，李书渠、胡彦彬应负责任。

第三，党的区委是否有解决方法的决议移交团区委执行的问题。恽代英根据李书渠、许白昊、包惠僧的发言判定党的区委当时并未确定办法交由团区委处理，李书渠坚持认为党的区委提出了办法，不是事实，应负其责。

第四，关于团区委将此案列为悬案问题，恽代英听了李书渠、任开国的发言，指出团区委并未表示永不解决，不存在所谓悬案。

第五，团区委既未将此案永作悬案，李书渠、胡彦彬又未经呈诉区大会、中央执行委员会，便擅发公开信通告全国的问题。李书渠表示因区委不肯照事实判决，许白昊又不肯认错，他本人感情激动，欲求此事早日明白，未遵法定手续，现甘愿认错。恽代英指出：李书渠、胡彦彬同志无论由于何故激动意气，但此事违反法定手续，不能不负责任。至此，问题得到解决。恽代英对于问题的发生、性质进行了客观分析和判定，做出了明确结论。

他说：现在各方是非已经明了。此等各方应负责任之过误，从实际看来，或系由徐埠当时在压迫之下，故事实上不能举行合法选举或因向例关于选举通知各项手续，未经严重注意，或因一时误解，或反感，激成失言或不合法定手续之行事。各方均未认承当事之任何人，有根本不忠诚于团体或主义之罪。则此事只能在问明后，使大家以后均格外慎公守法，不应有何严重惩罚。

作为主要当事人的李书渠，对恽代英主持的处理结果表示满意，强调他的初衷是明白是非，但其提议被恶意解释，造成越闹事越纠纷的局势。许白昊对李书渠、胡彦彬公开信中所言"欺诈抵赖"的说法不满，认其"故加诋毁"。对此，李书渠承认用语过重，愿意认错，但此事多由同志态度不当而起，还望大家反省。林育南对于赴南京大会前因忙于编辑《施洋纪念册》，未与李书渠会面，表示致歉。而公开信说他冒充代表，有损名誉，也希望李书渠以后改正。

恽代英面对这个既解决了问题、又维护了团结的局面，也是满心欢喜的。他就李书渠、许白昊、林育南之间的对话，再次劝勉说："我们团体还很幼稚，同志中性行态度不免缺点，均有常须互相劝勉之处。"过后，李书渠再发声明，承认错误，对部分情节仍然保留看法，对恽代英作为特派员处理此事的初衷表示谅解。一场关于林育南代表资格的风波，至此平息了。

于今看来，许白昊当时处理徐家棚团组织推举南京大会代表事务，是有明显缺点的。至少，被推选的人刘光国因公外出不能成行除外，并未正式通知李书渠，认为他在病中不能参会，只是单方面的推测。工作没有到位，是酿成此次风波的起源。事情发生后，他个人申述的关键环节，与其他当事人的证言也有若干不符之处。

这场代表风波，反映了早期组织建设的局部情况。事情得到了解决，说明在组织内，讲规矩、明是非、持公正，从团结的愿望出发，通过批评和自我批评，从而达到新的团结，是一条正确的道路。

坚守阵地

1923 年的农历新年，武汉劳动界是在凄风苦雨中度过的。直系军阀大开杀戒，多少工人家破人亡，轰轰烈烈的工人运动，一下子跌入了低谷。

京汉铁路工人忍痛上工，实属迫不得已上工后，军警现场监视，不准工人交谈。讲一句话，罚洋五毛，两句一元；讲话三次，即行革除，甚至以军法从事。各工会均遭封闭，湖北全省工团联合会首当其冲，粤汉铁路徐家棚工会、汉冶萍总工会、汉阳钢铁厂工会、轮驳工会、扬子机器厂工会、人力车夫工会、汉口香烟工会、武汉轮船工会、西式皮鞋工会、武汉调剂工会、花厂工会、西式缝衣工会、武汉蛋厂工会、牛皮工会、武汉电话工会等，陆续被封，被一网打尽。

汉口警察当局发出通缉令，捉拿工会负责人员，诬称他们是"过激党"，扰乱社会。许白昊赫然列名其中。同时受到通缉的还有杨德甫、项英、陈天、郭聘伯、郭寄生、周无为、朱兰田、樊一狗、袁告成、王伯川、马东阳、张率五、熊金荣、余四、陈公侠、张子余，共计17人。这个消息，登上了上海《民国日报》。

这一极其艰困的局面，许白昊在后来的一篇通信中是这样描述的：

> 自"二七"屠杀后，湖北各工会一律封禁，工会绝对不能公开，外部受军阀帝国主义的严重压迫，内部受工贼的随时告密陷害，工人为减少切身的痛苦和生活改善的经济要求，无一不遭受军警的干涉与逮捕。

在发生"二七"惨案的变局之下，中共中央急调李立三到武汉，任武汉区委委员长。许白昊任区委秘书，虽遭当局悬赏通缉，他仍坚持留下来秘密工作。湖北全省工团联合会被解散，但骨干力量还在，只是一时缺乏工人群众中的负责人出面组织。为此，区委特设劳动运动委员会，计划加强工厂工人中勇敢分子的教育训练。许白昊除继续负责汉阳地区工人的组织联络外，还负责汉口租界人力车夫和徐家棚铁路工人中的组织联络。

时局不允许许白昊像过去那样公开活动，他只得把机关秘密建立起来。许白昊到长沙把秦怡君接回，在汉口华界租下房子，李立三和妻子李一纯、许白昊和秦怡君等都住在里面。门口挂上"湖南布庄"的招牌，掩人耳目。

一天，传言警方要捉拿项英和许白昊，他俩赶紧到一个铁匠铺的楼上临时租间房子住下来。

办理京汉铁路大罢工的善后，既是当务之急，也是棘手的事情。武汉区委在汉口华清街、胜利街、六合路等处先后设下联络站，办理京汉铁路死伤、失业工人的善后救济工作。具体工作由许白昊、项英、刘子通、李书渠、周天元等出面处理。

1924年春，中共武汉区委撤销，改组为武昌地委和汉口地委。武昌地委委员长是陈潭秋，汉口地委委员长还是包惠僧。因汉阳、江岸、徐家棚三处工作都归汉口地委管辖，所以就工人运动事务而言，汉口地委的工作并不比区委少。

许白昊继续担任汉口地委秘书，他所受到的通缉尚未取消，公开活动照旧十分困难。加之经济拮据，不能维持生活，便到汉口英租界电灯厂做工，下工后继续负责工会与党的工作。可是不到一个月就被敌人发现了，侦探到厂逮捕时，多亏他已经下工，才未遭毒手。

中共汉口地委遗址

　　尽管局势极其严峻，许白昊和同志们依然努力坚持着。到1924年5月，武汉地区的中共党员有50人，其中，汉口两个小组14人，徐家棚一个小组12人，江岸一个小组9人，汉阳一个小组8人，汉萍轮较一个小组7人。工会的力量，江岸有10余小组100余人，汉阳约300人，徐家棚有四五十人。

　　其中，汉阳方面加入工会的主要是产业工人，工匠比较多。汉冶萍总工会安源分会每月拨80元，人力、财力都比其他地方好，所以能力也比较强。许白昊长期在汉阳活动，发展了党员陈春和，陈春和在汉阳发挥了很大作用。

汉口英租界巡捕房大楼（左）

汉口之难

　　许白昊在挂着"湖南布庄"招牌的租屋里住了半年工夫，发现隔壁一家住户是稽查队的，便赶紧找地方搬家，搬到德润里。

　　德润里位于汉口模范区中心地带，东北面临今黄石路，东南为吉庆街，西南为崇善路和汇通路，西北为铭新街。街区内有 70 余个门栋，均为两层楼砖木结构房屋。这里毗邻英租界。所谓模范区，就是在城市设计、建设和管理上，媲美于租界区的意思。因此，这里是当时一处规模较大的高档住宅区。许白昊选定德润里 23 号，有交通便利、便于隐蔽的考虑。

1924 年 1 月，国民党第一次全国代表大会召开，国民党改组收获实际成果。刘伯垂、李立三、廖乾吾从武汉出发参加了大会，参加大会的湖北代表还有刘成禺、詹大悲、张知本、夏声、孙镜、李法、彭介石。会后，刘伯垂被任命为国民党湖北省党部筹备员。

4 月，国民党汉口执行部成立。覃振、张知本、林伯渠为常务委员会委员，于若愚为秘书处秘书，林伯渠兼组织部部长，刘伯垂任工人农民部部长，覃振兼青年部、妇女部部长。李立三、许白昊为组织干事，项英、杨德甫为工人农民部干事，林育南为青年部干事，夏之栩为妇女部干事。覃振、张知本未就职。汉口执行部事务由林伯渠主持。

为了彻底解决京汉铁路大罢工的善后问题，包惠僧向项英提出两个办法：一是建议中央先把杨德甫、周天元介绍在国民党汉口市党部工作，把处理京汉铁路失业工人的事交给杨德甫负责；二是建立一个秘密的机关，项英暂时不要和周天元等人见面。

这样，秘密机关就定在德润里 23 号。房东是商人，住楼下。租下五个房间，项英、许白昊、廖乾吾、包惠僧和妻女，还有秦怡君都住在一起。廖乾吾虽然只有 40 多岁，但早留有胡须，一副老头子相貌，与秦怡君父女相称，许白昊与秦怡君叔侄相称。

一屋人有老有少、有男有女、有大人有小孩，摆出一家人的样子。房东完全没想到，一个秘密机关设在他的家中。

一天，周天元突然来到了德润里，在廖乾吾的房内坐下，很得意地说："在汉口，无论你们搬到哪里，我都找得到，汉口每一条马路、每一个弄堂都有我们的弟兄。"送走周天元，包惠僧提出要尽快找房子搬家。

家还未来得及搬，秘密机关就被军警当局破获了。1924年5月13日下午，天将黑的时候，几个身穿黑衣的警察紧急叩门，一上楼就把炊事员绑起来，秦怡君趁机把花盆推到楼下摔破了，放出了暗号。当许白昊从外面回来时，一看情形不对，连忙说："我是洗衣店的，这家欠我的钱，我是来收账的。"然后转身下楼，四个警察一拥而上，扭成一团，许白昊和炊事员一道被押走。第二天，刘伯垂在自己的律师事务所汉口清芬路二马路5号内被捕。

原来，几天前，杨德甫、罗海臣、周天元、黄子章四人，在平安里8号被捕，稽查处严刑拷打，有人便供出了德润里23号、清芬二马路5号两个秘密机关。军警当局根据供词，破获了这两处机关。军警当局也从张矗、余友文、郭聘伯、袁子英等人那里，得到许白昊活动的消息。

当时，项英、廖乾吾都不在家。廖乾吾从外面回来，在弄堂口买香烟,听说 23 号被封,立即朝英租界方向离开。便衣侦探发觉,跟在后面追,廖乾吾迅速跑进英租界脱逃了。项英、包惠僧、廖乾吾都在被通缉之列,很快就转道去了上海。包惠僧、廖乾吾稍后南下广州,参加了国民革命军。几天以后,秦怡君经长沙去到安源,后被派往苏联学习。

这次秘密机关被破获,加剧了武汉的紧张形势,刚有眉目的国共合作统一战线受到严重影响。林伯渠被迫离汉返粤,汉口执行部停止了工作,后来也没有恢复。指导湖北省、汉口特别市国民党党务的工作,转移到了上海执行部。

获悉许白昊、刘伯垂等人被捕,1924 年 5 月 19 日,陈独秀、毛泽东联名签署中共中央第 14 号通告,就"汉口官厅因反对国民党运动逮捕了许白昊"等人一事,要求各地即速表示抗议。30日,覃振在上海以汉口执行部名义致电广州,报告杨德甫等人的消息,提议在广州召开遇害者追悼会,抚恤家属,发表宣言。当时,误传许白昊等人已经遇害。

这次事件的起因,1924 年 5 月 27 日的上海《民国日报》有所披露:一是国际方面,外国势力谣言散诸报纸,宣称广东工党将于长江一带动作。二是国民党改组后,北京政府惊骇万状,往往将国民党、工党、共产党混为一谈。三是京汉铁路北段局长赵继贤、南段局长冯沄,自"二七"惨案发生后,对于路工警戒不懈，多方设法贿买工人中的不肖分子充当侦探。吴佩孚对于铁路工人的动向尤其注意。本年1月，全国铁路总工会在北京成立，宣言书遍登全国各报，军阀官僚胆战心惊更可想见。杨德甫的住宅即由京汉路局侦探得知。四是5月政治活动频繁，五一、五四、五五、五七、五九等纪念日，工、学、市民动辄集聚万人，一致主张内除国贼，外申国权，宗旨正大，直系军阀将上述纪念日活动一律视作破坏举动。无识侦探迎合此意，报告工人等携有新式手枪、炸弹。于是，酿出此种压迫之举。

许白昊被捕，即被送交武昌陆军军法处。吴佩孚得知后，命令将所有人犯用专车押解至洛阳。吴佩孚亲身审问数次，判决10年监禁。杨德甫是京汉铁路总工会委员长，供出了全国铁路总工会在北京的机关地址和负责人。北京政府交通部接到京汉路局密函后，立即通知了京师警察厅。1924年5月21日，京师警察厅派出侦缉队前往全国铁路总工会的秘密机关进行搜捕。总工会干事彭子均、李凤林被捕，名册、文件、来往信函被搜走。

接着，在腊库胡同16号杏坛学社逮捕了张国焘和他的妻子杨子烈。在严酷的审讯之下，张国焘写了供词，录了几次口供，又供出了陈独李大钊、谭平山、张昆弟及北京的共产党员，以及他所知道的全国铁路各工会的共产党员共71人。

北京政府如获至宝，内务部立即密咨交通部、教育部，并令京师警察厅严加注意，迅速缉拿李大钊等共产党人。李大钊闻讯，化装成商人，离开北京，幸免于难。范体仁、孙云鹏、吴鹏九、叶云卿等不幸被捕，受牵连而被开除、被通缉者还有40多人，铁路工人运动受到严重打击。

1924年10月，冯玉祥发动北京政变，推倒了直系军阀把持的北京政府，国民军二军胡景翼占领河南，吴佩孚被迫离开洛阳。这时，有人探知汉口党狱六人尚在狱中，并未丧命，便由工会派人到天津，请求孙中山出面营救。

孙中山即电胡景翼，就近查实见复。胡景翼接电后，当即回电，称开封城内并无杨德甫等人踪迹，已代电洛阳憨玉昆师长查核办理云。不久，孙中山又电复胡景翼，请他径直指令憨玉昆护送该六人出境。

1925年1月7日，胡景翼电还未到憨玉昆之手，憨玉昆的来电已到胡景翼处，电文称：

> 奉查杨等六人尚羁押旧使署执法处监狱内，并未枪毙，兹特派员郑，务祈查找等语。现杨等六人只有五人来汴，一人系粤籍，以其案情较轻，已由洛押解回南。六人解到时，吴令军法处严办，不料吴忽令停执行候八个月后处以极刑，盖因其时营救函电甚多，吴欲不立置死地，亦即所以缓和外

界攻击也。

憨玉昆释放了杨德甫、许白昊、刘伯垂等人，给每人送了些现金。杨德甫离开开封，径直赴京，往见孙中山。许白昊、刘伯垂则转道赴沪。

蒙受了大半年的牢狱之灾，大难不死，许白昊志不稍挫。不久，他重回武汉，继续担起推动工人运动走向复兴的大任。

五

重燃星火
洒尽碧血

XU BAIHAO

往返武汉广州

许白昊出狱后，转道赴沪。他要向中共中央汇报蒙难经过，并得到下一步工作的指示。1925年1月，中国共产党第四次全国代表大会在上海召开。这次大会根据共产国际指示精神，研究了无产阶级在民主革命中的领导权问题，并相应作出了决议。实现无产阶级领导权、发展工人运动是重要举措之一。为此，中共中央工农部内设置了职工运动委员会，并要求各级党部比照设立，要求党报的宣传把工人运动摆在第一位，要加强工会组织内党的

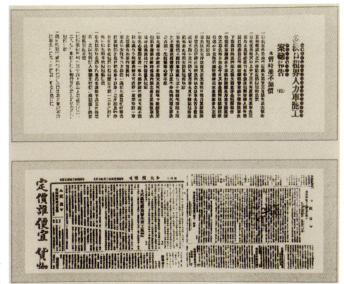

关于汉口租界人力车罢工的报道

自身建设。对于上海、汉口、天津这些新式工业发达的地区，明确提出要把当地工人完全组织在本党指挥之下，以巩固党的工人运动基础的任务。许白昊领受了这些新精神，溯江而上重返武汉，再操旧业，作为湖北全省工团联合会负责人之一领导了汉口人力车夫罢工。

1925年4月下旬，许白昊再下广州，出席第二次全国劳动大会。来自汉口的工人代表中还有人力车夫工会的袁告成。代表们的食宿地点被安置在西湖街公益祥旅馆。

1925年5月1日，在全世界工人阶级欢庆自己神圣节日的时候，第二次全国劳动大会的代表齐聚广州，共襄盛举。是日上午，在广东大学操场举行了盛大的五一节庆祝集会。会场主席台正中，高插铜质镰斧模型的大红旗，四周标语、旗帜林立，大书"我们目前的要求集会结社言论出版罢工自由权""我们目前的要求八小时工作最低度工资""检阅自己的力量向敌人进攻""我们的敌人帝国主义军阀资本家大地主工贼""我们的力量工农大联合由全国而全世界"。全场气氛令人精神振奋，情绪激昂。第二次全国劳动大会全体代表和广东全省农民代表大会代表，以及青年军人联合会、黄埔军校、铁甲车队等武装力量和学校、市民团体代表，同时参加，不下10万人。场内锣鼓喧天，赤旗飘扬，热闹非凡。胡汉民担任会议主席。谭平山代表国民党作报告，阐述

第二次全国劳动大会开幕

今日盛大集会的意义。他指出出席今天大会的工界代表来自17省，可以说工人运动统一了；大会有农民、士兵出席，他们是工人的天然同盟者，工农兵要大联合；工农阶级革命的任务，是打倒帝国主义和军阀，争取解放。出席第二次全国劳动大会的张国焘、林伟民、邓中夏、邓培，女代表孔燕南等也先后发表演说。

5月1日，许白昊和第二次全国劳动大会各位代表一起，参加了在广东大学操场举行的庆祝五一节大会。5月2日，第二次全国劳动大会与广东全省农民大会在广东大学大礼堂共同举行开幕典礼。刘少奇、苏兆征、邓培为劳动大会方面主席。廖仲恺出席了大会，并任农民协会方面主席之一，本日大会由邓中夏任秘书长。出席本日大会的工人代表278人，代表164个工团。3日开始，劳动大会移至广东省教育会礼堂继续举行。大会期间，刘少奇代表大会筹备处报告了筹备经过。张国焘、邓中夏分别报告了工农联合的意义和中国工人运动状况。海员工会代表林伟民、上海代表孙良惠、全国铁路总工会代表邓培、汉冶萍总工会代表刘义、香港代表梁子光、广东代表冯菊坡、湖南代表谭影竹、湖北代表袁告成，先后向大会报告了本产业或本地区工运状况。大会通过了30多个决议案，其中主要的有《工人阶级与政治斗争的决议案》《经济斗争的决议案》《组织问题的决议案》《工农联合的决议案》《对于赤色职工国际代表报告的决议案》《铲除工贼决议案》《工人教育的决议案》《中华全国总工会总章》等。大会在选举了中华全国总工会领导成员后于5月6日胜利闭幕。许白昊在第二次全国劳动大会上被选为执行委员。

回到武汉后，许白昊写了《工贼与工团联合会》的小册子，揭露杨德甫、陈天等人欺骗工人群众的丑恶行为，阻遏他们的消极影响。湖北全省工团联合会改组为武汉工人代表会，吸收工人

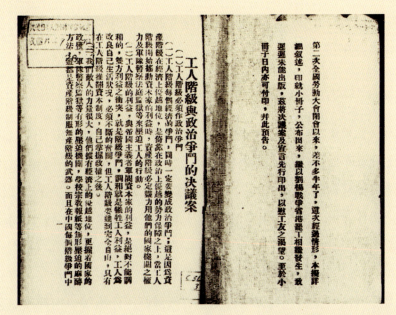

第二次全国劳动大会通过的《工人阶级与政治斗争的决议案》

中华全国总工会旧址

中的优秀分子参加代表会工作，建立起北伐时期湖北全省总工会的伟大基础。

就任中央监察委员

五卅惨案发生后，吴佩孚乘机东山再起。1925 年 10 月 11 日，湖北督军兼省长萧耀南率鄂军将领联名通电，拥戴蛰居湖南岳州的吴佩孚到汉，主持讨伐奉系张作霖大计。21 日吴佩孚宣布就任川黔桂粤湘浙闽苏皖赣鄂豫晋陕十四省讨贼联军总司令，总司令部设于汉口查家墩。

吴佩孚一到武汉，就大力整军经武。庞大的军费开支，自然是要人民负担的。吴佩孚以湖北官钱局财产作抵押，向武汉商会借洋 200 万元；以全省征收局报验所及电话局作抵押，向银行借洋 400 万元；强迫盐斤加价，每担 1.5 元，发行军需汇兑券 3000 万元。这样一来，军警倍增，物价突涨，市面恐慌。

在这种政治高压和经济窘迫形势之下，工人群众的处境和生活只能用"厄运"来形容。1926 年 3 月 15 日，许白昊从汉口写出通信，4 月 3 日登载在《向导》周报第 148 期上。

本来，1925 年湖北全省普遍遭受旱灾，各县灾民纷纷到武汉打工糊口，造成武汉的失业工人较在业者多出两倍以上，生活成本比去年 3 月以前增加了两倍半，大部分工人的工资还是二三年

武漢工人遭受的厄運（漢口通信三月十五日）

白昊

自二七慘殺後，湖北各工會一律封禁，工會絕對不能公開。外都受軍閥帝國主義的嚴重壓迫，內部受工賊的隨時告密陷害，工人為減少切身的痛苦和生活改善的經濟要求，無一不遭受軍警的干涉與逮捕。

去年湖北全省失業，各縣失民萃集武漢覓食，因之武漢失業工人較將工作者多出一倍以上，生活程度較去年三月以前增高了兩倍半（去年三月食米信平為每升百八十文今年三月平均每升四百五十文）而工人的工資還是二三年前的原價，——少數略增的最多不過較原工價加十分之二，工人生活的困難可想而知了。

吳佩孚軍來武漢，對民眾更加武裝戒嚴，發行軍需證券，強迫儸片加價，橫徵苛捐雜稅，物價飛漲，市面恐慌，工人受的痛苦和壓迫，更不堪言說了。計數月來工人直接間接受軍閥工賊之摧殘者有如：

（一）漢口人力車夫因惡恨工會抵制車行加租事，被逮捕工人一人，至今尚押漢口警察廳未釋。

（二）武昌紗廠忌恨工人組織工會，三四次逮害逮捕工人數人，

（三）武漢工人代表會被工賊告密破壞，捕去工人三人，判監湖北陸軍蕃利處兩年徒刑，

（四）漢口人力車夫工會中墮落份子受工賊反動派誘惑蓄收買，破壞工會的一致團結，損害了工人為自身利益而奮鬥的戰鬥力，

（五）武漢染織工人，因高秀炳自身做了工賊，專意告密陷害工人階級中的忠實份子，拿着工會招牌包庇勞派資鍍，真正為工人謀利益的染織工會不易造成，——除非招得了工賊的時候。

（六）粵漢鐵路工會從前是為工人奮鬥的底士英（粵漢路總工會委員長）主持的，他現在因為要得一月一四五元薪水的稽查，自告借賊的消滅粵漢鐵工會，名說不問工會的事，內裏是壓擊同反動派工賊的行動，幫助反動派軍閥工賊破壞了工會基礎及團結力量。

（七）武漢保文主義學會隨年在公開地與秘密地圖謀替武漢工人，幫助軍閥資階段作惡。

武漢工人除了受資本主義制度的奴隸剝削與資本家的經常需待而外，隨時都要受類似上列事件中的軍閥反動派工賊等加諸工人的進步的摧殘。

在上列事件中，有兩件更痛心的事，還值得詳告一般讀者：

（一）一月二十日武漢工人代表會全體被捕的原因。 武漢工人代表會，是武漢有相當組織的工人一個集中機關，他在極反動的軍閥底下，周旋於反動派軍閥之間，要受壓迫是早在意料之中。一月二十日代表會召集全體代表會議，十八日發出通知，不等此通知落在工賊們手裏了（工賊們早知道代表會在何地開過會，已向偵探，工賊與友交約了的）。十九日工賊郭聘伯等糾集反動派——工賊偵探大開會議，決定一方面報告稽查處派軍警權人，一方面分配工賊屆時引誘。果然，一月二十日十一時代表大會預定的會議時，捕人的軍警趕到了代表會的地點。這便是工賊們陰謀陷害工人代表會的「苦劇」——這場表會的內幕。我們那能詳細知道？工賊們探的在某天沒有捕着該會中的重要分子某某呢？

（二）是孫文主義學會一週年紀念大會，武漢工人代表會循年發傳——三月十二日武昌開中山先生週年紀念大會，武漢工人代表會循年發傳，恰遇所謂武漢「孫文主義學會」在

《向导》登载许白昊的通信

前的水平，生活极度困难。现在吴佩孚到来，对民众加强武装戒严，工人遭受的痛苦和压迫，更不堪言说。

许白昊在通信中，列举了几个月来工人直接、间接受到军阀、工贼残害的事例：

（一）汉口人力车夫因整顿工会抵制车行加租事，被逮捕工人一人，至今尚押汉口警察厅未释。

（二）武昌纱厂忌恨工人组织工会，三四次诬害逮捕工人入狱，至今尚有四五人押武昌警务处。

（三）武汉工人代表会被工贼告密破坏，捕去工人三人，判监湖北陆军审判处两年徒刑。

（四）汉口人力车夫工会堕落分子受工贼反动派诱惑欺骗收买，破坏工会的一致团结，损害了工人为自身利益而争斗的战斗力。

（五）武汉染织工人，因高秀炳自身做了工贼，专意告密，陷害工人阶级当中的奋斗分子，拿着工会招牌向反动派卖钱，真正为工人谋利益的染织工会不易造成——除非肃清了工贼的时候。

（六）粤汉铁路工会从前是为工人奋斗的卢士英（粤汉路总工会委员长）主持的，他现在因为要得一月四十五元薪水的稽查，自告奋勇地消灭粤汉铁路工会，名说不问工会的事，内幕是在伙同反动派工贼的行动，帮助反动派军阀工贼破坏了工会基础及团结力量。

（七）武汉孙文主义学会公开地与秘密地图谋陷害武汉工人，帮助军阀资产阶级作恶。

武汉工人除了受资本主义制度的奴隶剥削与资本家的经常苛待以外，随时都要受类似上列事件中的军阀反动派、工贼等加诸工人的进一步的摧残。

由于湖北全省工团联合会的活动受到严密监视，加之基层工会或因工贼挑拨而瓦解，或因工会骨干被捕而瘫痪，组织基础缺失，本身难以动弹，就成了一块空牌子。为应对这一困局，重新组织基层工人群众便决定紧缩组织架构。1925年12月，成立了武汉工人代表会，许白昊为负责人之一。

武汉工人代表会也经常受到威胁。1926年1月20日，武汉工人代表会召开全体代表会议。18日发出会议通知，这个通知却不慎落在工贼手中，沦为侦探的工贼余友文预先知道了开会日期和地点。19日，大工贼郭聘伯等召集工贼侦探开会，决定一方面报告稽查处派军警捕人，一方面分配工贼届时充当向导。20日上午11时，会议时间一到，捕人的军警也出现了，当场抓走三人。恰巧许白昊不在场，事后工贼侦探们还自鸣得意地表示可惜没有逮着他。

3月12日，武昌举行孙中山逝世一周年纪念大会。武汉工人代表会传单散发队在汉阳门散发纪念传单，路遇孙文主义学会数十人，身挂徽标，扬起旗帜，堂皇经过。其中四五人跑出来，劫毁工人手中的传单，阻止散发，并狂呼站岗的军警逮捕工人。街面军警因未得到上级命令，袖手旁观，工人们很快离开现场，幸免于难。

走进纪念大会会场，郭聘伯等人一露面，工人代表会的群众当场质问他们为何阻止散发传单，招引军警捕人，他们一时无语对答。工人群众愤怒至极，准备群起而殴之，后经劝解，郭聘伯等人才得以抱头而去。

2月15日，国民党湖北省党部会商汉口特别市党部，成立临时政治委员会，引导当前运动。许白昊被推为委员，其他委员还有：董必武、陈潭秋、张国恩、邓初民、刘季良。

1926年，中共中央在北京召开特别会议，作出从各方面准备广州国民政府北伐的战略决策，决定5月1日在广州召开第三次全国劳动大会。4月29日，第三次全国劳动大会筹委会在广州惠州会馆召开第一次预备会议，研究并决定了大会的任务和会务事项，制定了会议规则，决定组织12个代表团，湖北为代表团之一。30日召开第二次预备会议，组成代表资格审查委员会、大会工作机构，推定大会主席团14人，许白昊为主席团成员之一。

第三次全国劳动大会

他在会上用名许世光。

　　5月1日，第三次全国劳动大会与广东省第二次农民代表大会在国民党中央大礼堂联合举行开幕式。出席第三次劳动大会的代表502人，代表全国699个工人团体、124.1万余名有组织的工人。中共中央、国民党中央向大会发来贺信、贺电。

　　邓中夏致开幕词，提出要继承先烈精神，集中力量，与各阶级建立联合战线。林伯渠代表国民党中央政治委员会、詹大悲代表国民党、彭述之代表共产党、林育南代表共青团，分别在大会

全国总工会办公地址广州惠州会馆

发表演讲。他们神情激越，全场掌声雷动。

次日，两个大会的代表一起出席廖仲恺先生纪念碑奠基典礼，隆重纪念这位为革命献身的著名国民党左派领袖。

会议期间，许白昊和全体代表一道，先后听取了刘少奇关于一年来全国工运发展状况和全国总工会执委会工作的报告；李立三关于上海总工会的工作和出席赤色职工国际大会情况的报告；苏兆征关于省港大罢工情况的报告；国民政府顾问鲍罗廷关于世界革命状况的报告。全国铁路总工会、海员总工会、汉冶萍总工会的代表也介绍了各自的情况。大会就各主要报告相应作出了决议。

　　作为湖北代表，许白昊着重介绍了武汉工人运动的情况。报告有九个部分，内容很丰富，主要有：一是介绍武汉工人团体的种类及其成分，在总数4.32万人中，纺织工人约占一半，人力车夫和苦力占18%，能收到会费的只有2000人；二是介绍工会组织发展经过及其近况，组织工会和开展活动的基本方法；三是介绍武汉工会的历次政治斗争、经济斗争，工贼对工会组织的破坏；四是介绍工会组织在武汉地区的社会地位和影响；五是介绍工会的宣传、教育工作，工会经济状况，工人生活状况；等等。

第三次全国劳动大会期间庆祝五一节集会

许白昊作出结论说：目前的武汉工人，在内部组织上是积极进取的，但限于外部条件和主观力量，在行动上是近于保守的。工人非常热烈地需要工会，但感觉自身力量未成，还不能用工会名义领导公开的行动。

1926 年 5 月 12 日，大会选举中华全国总工会第二届执行委员会，执行委员 35 人，候补执行委员 17 人。当晚，举行闭幕典礼，李立三致闭幕词，宣告第三次全国劳动大会胜利结束。许白

许白昊在《向导》发表通讯

昊当选为全国总工会执行委员。

5 月 14 日，许白昊参加第二届执行委员会第一次全体会议，选举产生了常务委员 9 人。苏兆征被选为全国总工会委员长。在第一次常委会上，刘少奇被选为秘书部部长，李立三为组织部部长，邓中夏为宣传部部长。

第三次全国劳动大会明确规定工人阶级目前的任务，就是支援广州国民政府的北伐。大会期间，代表们向国民政府递交了促进北伐请愿书。会后，许白昊返回武汉，他当前工作的主要任务是动员和组织工人迎接北伐。

1927 年，随着北伐军节节胜利、捷报频传，在广州的国民政府北迁武汉。这年春，根据共产国际的要求，中共中央也从上海西迁武汉。于是，湖北武汉成为革命中心。

在国共合作的旗帜下，不少中共党员参加了国民政府，有的还担任了一定的领导职务。面对反动派的政治收买、金钱诱惑，共产党员面临着新的严峻考验。此时，蒋介石的南京国民政府已彻底撕去伪装，同共产党公然决裂，并于 4 月 12 日在上海悍然发动反革命政变，向共产党人和革命群众举起了屠刀，革命者的鲜血流成河，轰轰烈烈的大革命宣告失败。

在这紧急关头，中国共产党在共产国际的指导下，决定召开全国代表大会，商讨应对之策。1927 年 4 月 27 日，中国共产党

中共五大后许白昊（后左一）与部分代表合影

在武汉的国立武昌高等师范学校附属小学召开了第五次全国代表
大会，大会的中心议题是确定中共在紧急时期的任务。许白昊与
全体代表一起出席了大会。毛泽东向大会提出一个农民运动决议
案，主张解决农民急需解决的问题，建议广泛地重新分配土地。
大会没有采纳，甚至未予讨论。"我们党目前还不是一个有完善组
织的党，而是各个共产主义者的小组"，为此，"在组织工作方面，
最主要的是使中央成为强有力的中央……"时任中共中央总书记
的陈独秀，在代表中央作政治与组织报告中，向全党大声疾呼。

怎样才能使中央"成为强有力的中央"？大会进行了热烈讨

中国共产党第五次全国代表大会开幕会场旧址

论，全党也进行了深刻反思。曾出席中共五大的代表陆定一，谈到大会决定成立党内监督机构时，这样回忆道：在革命受挫的情况下，首先必须纯洁党的队伍，严格党的纪律，加强党的团结，增强党的战斗力。为此，迫切要求成立党的监察机构，用严明的党纪维护党的集中与统一。

5月9日，也就是大会结束的前一天，选出了中央委员会。为加强党的集体领导，会上成立了中央政治局，选举产生了中央政治局常委。党的第五次全国代表大会通过了《中国共产党第三次修正章程决案》，决定要设置专门的党内监督机构来监督党组织和党员，由此中央监察委员会诞生了。中央监察委员会的产

中央监察委员会领导成员

生，对党的廉洁纪律建设的发展具有重要意义。

　　大会选出的中央监察委员会，由委员 7 人、候补委员 3 人组成，委员王荷波、许白昊、张佐臣、杨匏安、刘峻山、周振声、蔡以忱，候补委员杨培生、萧石月、阮啸仙，王荷波为中央监察委员会主席，杨匏安为副主席。

出席劳工四大

　　自从武汉成为新的革命中心，中华全国总工会就决定从广州迁到汉口。1927年2月11日，在歆生路义成里原华扬旅馆对外办公。2月20日，全国总工会在汉口老圃西舞台举行了执行委员扩大会议，到汉的执行委员及各地代表50余人出席。会议历时一个星期。许白昊出席了会议。这次执委扩大会议，通过了30多项决议，制定并颁布了《全国工人阶级目前行动总纲》。

1927年6月19日下午3时，第四次全国劳动大会在汉口血花世界开幕。会前，成立了大会筹备处，组织了包括苏兆征、邓中夏、李立三、刘少奇、向忠发等在内的25人主席团和5个专门委员会。全国总工会为大会的召开发表了宣言和宣传纲要。出席会议的各地工会代表400余人，代表着全国有组织的工人290余万。是日，参加太平洋劳动大会的各国工会代表和国共两党国民政府、军队及各界群众团体的来宾应邀出席，连同旁听者到会达3000余人，苏兆征宣布大会开幕以后全体起立，为各地死难烈士默哀5分钟。在开幕词中，苏兆征提出在蒋介石叛变、帝国主义干涉中国革命的形势下我们要保障革命胜利，"第一便要反对帝国主义武力干涉中国，第二要反对蒋介石屠杀民众，第三要与国民政府同生死，第四要帮助农民打倒封建势力"。共产国际代表罗易、国民政府代表彭素民、共产党代表蔡和森、共青团代表徐伟、总政治部代表郭沫若等相继演说，大会先后发出了通电、祝捷电、慰劳伤兵电和致英国工人阶级书。

20 日上午，李立三作政治报告，下午罗佐夫斯基作世界工人运动的报告；22 日上午，汪精卫作政治军事报告，陈独秀发表演讲；23 日上午，全体代表参加武汉各界纪念"六一""六二三"及追悼北伐阵亡将士与各地死难烈士大会，下午由刘少奇作会务报告。其后几天中，苏兆征作了海员总工会报告，罗珠作了香港总工会报告，向忠发作了湖北工人运动报告。

21 日大会上，各地代表提出了许多挽救革命的意见，主要是：反对白色恐怖，上海工人正准备第四次大暴动打倒蒋介石，请国民政府明令讨蒋；工人武装起来，在上海开第五次劳动大会，巩固工农小资产阶级联合战线；没收帝国主义产业，帮助农民解决土地问题；在反动势力下工人准备大暴动，国民政府不要对反革命优容；工人要参加国有产业管理，要求国民政府第三次北伐，直捣幽燕；请全国总工会派员到北方领导工人运动，共产党是真正为工农谋利益的，国民革命没有共产党参加不会成功，等等。22 日，湖北代表提出临时提案，反对国民政府取缔农工运动，请政府急速派遣讨伐军，大会通过了这项提案。25 日，湖北代表团提议，向国民党中央党部请愿，替上海死难工人复仇，要求主席团请共产党负责人来大会讲演。上海代表团提议，继承上海死难烈士精神，回到本地为第四次暴动准备后援；浙闽代表团提议，东南各地代表赶快回东南去，打倒蒋介石，为烈士复仇。

会议通过了《关于中华全国总工会会务报告的决议案》《政治报告决议案》《组织问题决议案》《经济斗争决议案》。

　　其中，各地方产业总工会加各地方总工会，有关地方的问题受地方总工会的领导，有关产业性的问题，受该产业上级总工会的领导。全国除海员、铁路、邮政已有全国总工会外，其他如纺织、印刷、矿工、电报、金属等工会须于最短期内建立全国组织。在各级工会中，应加强常任代表会和工厂或街道委员会的建设。大会认识到，手工业工人和店员的组织工作，在今后工会组织工作中最为重要，必须研究这个问题以便消除内部纠纷，所有工会组织的发展，必须与各种政治的经济的斗争结合起来。大会注意到，工人阶级的斗争已由单纯的经济斗争发展成为政治的武装斗争，规定了加强武装工人的几点办法：动员觉悟高的工人参加军队或军事学校，组织工人武装纠察队，组织工人义勇队，工余进行武装训练。工人纠察队按军队编制组织并应特别注意纪律性，工会在指挥时应特别谨慎。

　　在工人阶级没有得到完全解放以前，经济斗争始终是工会的经常工作。它既是改善工人生活的需要，也是工人阶级获取斗争锻炼的需要。第四次全国劳动大会所通过的经济斗争决议案内容广泛，规定具体。关于产业工人，在工作时间上，除了8小时工作制，星期天、节假日休息外另规定繁重和危险的产业工作时间减至 8 小时以内，夜班工作较白天工作缩短一小时，工资与白班同等，必要时的加班每次不超过 2 小时，每月加班不超过 24 小时，加班工资加倍，每年连续一周的休假工资照发。在工资和雇佣条件上，提出由政府根据物价水平规定工人的最低工资标准，由政府与工会共同规定工人增加工资的比例工资以现款为标准每周支发，不得以实物代替，雇用工人时应订立劳动合同规定劳资双方须遵守的条件。单从工作时间和工资的规定，就可以看出这明显有超越社会生产力水平的地方。保护童工女工、劳动保护、医疗和劳动保险等方面也有一些过左的规定。关于经济斗争的方式，决议规定，有劳资谈判、请第三者调解或提请仲裁，罢工。工人失业是经济不发达，特别是政局变化、发生战争情况下的普遍现象，武汉地区的工人失业问题尤为突出。大会通过的决议案规定了救济失业工人的办法 14 条，包括设立救济失业基金，限制解雇工人，设立劳动职业介绍所，政府维护行将破产的企业、防止工人失业等，对手工业工人的经济斗争，这次大会也有所规定。

四一二政变以后，出现了大地主大资产阶级所组织、控制、利用的工会。第四次全国劳动大会通过了《反对法西斯主义及对法西斯工会斗争决议案》，决定在任何情况下不让工人加入国民党新军阀所控制的工会，争取已加入这些工会的觉悟不高的群众，重视经济斗争以加深工人对工会的信仰；在对法西斯的斗争上提出巩固秘密工会，以特殊的工人组织对付法西斯恐怖。在国民党蒋介石集团统治区，革命工会公开活动的条件已不复存在，白色恐怖严重，已在客观上要求工会转变工作方式，这时候，不让工人加入当局控制的工会是不可能的，也是脱离群众的。

第四次全国劳动大会决议带着中共五大路线的烙印，大会通过的《政治报告决议案》指出，工人阶级当前在政治上最大的责任是全力巩固工、农、小资产阶级的联盟，建立工、农、小资产阶级的民主专政，然后将一切帝国主义手中的企业及关系国计民生的重要企业收归国有，使国民革命走向非资本主义的前途。在这样的政治路线之下，打击民族资产阶级，甚至由于宁汉对立，把某些小资产阶级业主作为反革命加以打击没收其产业归国有，尝试工人参加企业管理，这些情形的发生便不足为怪了。此时武汉地区的劳资斗争，仍大量的是手工业工人店员与手工业主、店主的斗争，决议提出对于手工业工人店员的经济要求，应当照顾小资产阶级经济条件的可能性，这倒不乏务实的意义。

6月28日，李立三在会上宣读了第四次全国劳动大会闭幕宣言，邓中夏宣读了中共中央致大会书，赤色职工国际和苏联职工总工会分别赠送了满地红胜利旗，李立三致闭幕词。29日，大会选出中华全国总工会执行委员35人，候补执行委员19人。许白

昊当选为执行委员。大会补行闭幕典礼，邓中夏临时提议，全体
代表和各执行委员互行一鞠躬礼。王荷波代表新一届执行委员致
词。30 日，许白昊出席全国总工会新一届执行委员第一次会议。
选举苏兆征等 9 人为常务委员，刘少奇等 5 人为候补常务委员。
苏兆征再次当选为中华全国总工会委员长，林育南为秘书长，李
立三为组织部部长，邓中夏为宣传部部长。

奉调上海

7 月 14 日下午，许白昊出席省、市两党部工人部在汉口特别
市党部举行的工人运动委员会。会议推定许白昊根据国民党中央
及省、市党部对于工运的决议案规定实施办法，指导工、兵及工
商联合会的策略，制定解决一般在职工人目前生活困难的具体办
法以及失业工人的救济办法，起草决议草案。

然而，国共合作的国民革命已经走到了尽头，许白昊甚至不
得不转换到新的地区，以新的方式，从事新的斗争。许白昊只身
在外，与家中只有书信联系。常年不见人，乡人议论纷纷。老父
亲特地到汉口一探究竟，看到许白昊忙些什么，也就放心了。临
行前，许白昊给了父亲一些盘缠，仅够路途使用。他本身并没有
什么钱，尽管掌握着一大笔经费，可那都是公款，是绝不能也不
应该挪作私用的。

许白昊画传

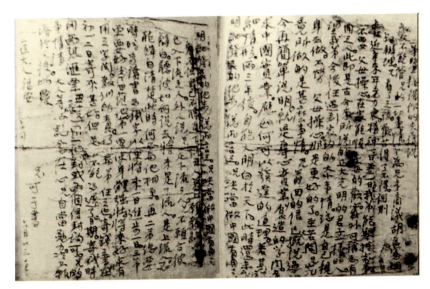

许白昊亲笔写给家里的信

　　7月25日，许白昊与向忠发联名在《汉口民国日报》刊登署名启事，批驳所谓"卷款潜逃""总工会已改组"的谣言。他们声明与湖北工人同生死、共患难，每日均照常在总工会工作，呼吁各工友切勿轻听谣言，以免中了反动派的诡计。

　　然而，工会改组并非空穴来风。8月4日，湖北全省总工会果真就被国民党中央工人部和湖北特别委员会委任的张铁君接收了。向忠发被明令通缉。许白昊虽未列名通缉，但也无法在武汉继续公开活动。革命工会公开时期，他是呼风唤雨的核心人物，深得广大工人群众信赖，为一切反革命派所嫉恨。现在，他不得不转入秘密斗争。

那时，许白昊的妻子秦怡君正在医院生产。一天，许白昊匆匆忙忙赶到医院，告诉秦怡君局势很危急。他要秦怡君赶紧出院，带着孩子和母亲一起回农村暂避一阵。根据党中央的指示，他自己就要和部分同志一起去上海了。

许白昊是省总工会财政部部长，管理着全省总工会的经费。临行前，他亲手写了全部的经济报告书，将现款、存折共 7 万余元，一并交存于湖北省委，由省委书记罗亦农、工委主任李震瀛两人亲收。总工会的收支总账也由会计人员交省总工会负责人李震瀛、谭影竹、黄五一亲收。办理了经费和账目的移交，8 月间，许白昊到了上海，任上海总工会党团书记。

许白昊从上海走上革命道路时，共产党从事工人运动刚刚起步。时隔数年，特别是经历了五卅运动、三次工人武装起义，上海的工会力量有了很大发展，面貌大变。尤其是第三次武装起义胜利后，上海市民代表会议和特别市政府的建立，为中国工人阶级及其政党在政权建设上的重要尝试。蒋介石实行大屠杀，残酷镇压工人运动，上海总工会委员长汪寿华等工运领袖英勇牺牲，上海一下子变成了"狼虎成群"的恐怖世界。

许白昊到了上海，与郑覆他夫妇住在一起，租下位于重庆路马霍路一带一间当街的房子。转眼就是 1928 年。许白昊虽然人

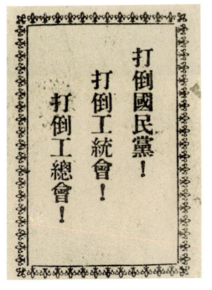

上海总工会印发的小册子   郑覆他

在上海，却一直关注着湖北的消息。他听说上交给湖北省委的工运款项发生了问题，心里十分着急。1月7日，他与项英、刘少奇联名给中共中央写信，请求党中央清查这笔款项的下落。信的内容是这样的：

> 保和兄：
>
> 　　我们郑重地请中央查办湖北全省总工会存湖北省委的经济用途。我们是湖北全省总工会公开时代直接负责任的人，

尤其是许白昊同志对湖北全省总工会公开时代负担经济责任。在湖北全省总工会，被反革命的国民党政府派人改组占领后，原湖北总工会的一切工作转入秘密组织中，同时许白昊及其他同志被党调移他处工作或得中央允许离开了。白昊被调开时原经手湖北总工会之经济款项全数移交与湖北省委管理，由白昊亲具全部的经济报告书及现款、存款折等收支总账（省总工会所有账项由原会计张希镛、李世璜两同志随同省委决定湖北省总秘密负责人李震瀛、谭影竹、黄五一诸同志在一处），一并亲交于湖北省委书记罗亦农、工委主任李震瀛两同志手收勿误（有白昊负责之总报告书，经收款人当时查明，同交湖北省委存放者）。

现据湖北负责工作同志告我们云：该款已经湖北省委尽数用光，并且账目不详！果如此，则我们请求中央立即依下列责任关系查办清楚，绝不能疏忽！

（1）该款系湖北全省总工会所属各工会正式存款及省总工会公账款项，均有收发账据，均系交代给湖北工人者；

（2）该款由许白昊亲交存于湖北省委，由省委书记罗亦农、工委主任李震瀛两同志亲收，有白昊负责报告书存湖北省委；

（3）该款有五万元系白昊交款于省委前，由张特立、王若飞同志负责借用于军委待还者外，余均现款及存银折约七万余元（详数我记不清，有白昊交省委报告书可查）；

（4）该款必须清楚保存，或正式用途清楚明白向湖北各工会公布或发还者；

（5）请中央立将该款查明，现存款项是否保存或已用去之详细正当账目审核保存，以便将来公布；

（6）如该款开支账目不明及用途不清不正，需湖北省委负责人绝对负责，以免重蹈"二七"京汉恤款之覆辙，重危本党对工人阶级之信任而维党纪！

敬祈示复。

项英

许白昊

刘少奇

一九二八年一月七日

1927 年 8 月 7 日，中共中央在武汉召开紧急会议，确立了实行土地革命和武装反抗国民党反动派的总方针。1 月 9 日至 10 日，中共中央临时政治局在上海召开扩大会议。其间，多次召开了各省代表会议和两次职工委员会会议。

11 月扩大会议，是共产党内盲动主义错误系统形成的主要标

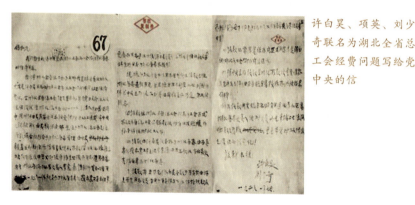

志。这次会议无视革命形势已处于低潮的现实，一味强调出现了直接革命的形势，认为工农民众四处自发地奋斗起来，有会合而成为工农民众的暴动、推翻军阀豪绅资产阶级统治的趋势。会议制定的总策略是：努力使群众自发的革命斗争得到最大限度的组织；努力使互相隔离零星散乱的农民暴动形成尽可能大范围内的农民总暴动；努力保证工人斗争的爆发与农民暴动互相赞助、互相联络。会议强调以城市为当前革命斗争的中心，提出"城市工人的暴动是革命的胜利在巨大暴动内得以巩固而发展的先决条件"。

在这个大背景下，许白昊和郑覆他代表上海总工会，组织了沪东纱厂和英商电车工人的大罢工。1927 年 10 月 6 日，沪东恒丰纱厂就有 3000 余工人开始罢工，反对资本家延期支付工资、开除工人，要求就承认工会、增加工资、改善待遇等问题，与资本家谈判。资本家依仗提篮桥巡捕房包探头目刘文禧两个徒弟的势力，强硬地拒绝了工人的要求。资本家大为恐慌后来被迫同意与工人谈判。

这时候，江苏省委指示上海总工会和沪东区委，要恒丰纱厂工人继续罢工，并扩大斗争范围，发动沪东各纱厂声援，举行同盟罢工，直至发展为上海第四次武装暴动。随即，上海总工会和沪东区委派人到沪东各纱厂发动工人，成立了领导罢工的行动委员会。

11月1日，永安纱厂部分工人罢工。资本家勾结巡捕房拘捕了罢工领袖。上海总工会带领"红队"队员冲进工厂全厂1800余名工人都参加了罢工。7日，同兴、厚生两家纱厂工人参加罢工。

中共沪东区委机关旧址

总工会召开群众大会，到会者并不踊跃，只有三四百人。工作人员向空鸣枪，会场高呼口号。工贼走狗及捕房包探慑于现场声威，未敢前往破坏镇压。10 日，纬通纱厂 1600 余人参加罢工。拥有 1800 余人的申新纱厂第五厂因受制于工统会，未能发动。14 日，"红队"队员冲进该厂，工贼走狗仓皇逃避，不了解情况的工人也一哄而散。15 日，日商东华纱工人陆陆续续罢工，日商上海纱厂也参加到罢工行列。沪东地区纱厂工人罢工，最多时达到了上万人。

当时设想，通过不断扩大的罢工进而发动武装暴动，夺取政权。罢工期间，成立了罢工声援委员会，许白昊出席会议并讲话，提出暴动任务，还提出了解决罢工的几项条件，其中包括实行八小时工作制，没收工厂交给工人。但是，罢工虽历经 20 余天，却未能达到预定目的。

1927 年 12 月 1 日，英商电车工人总罢工。罢工因反抗资方不抚恤死亡工人、不救济反而开除受伤工人而起。市政总工会制定罢工条件 27 条，限资方于三日内答复。资方置之不理，并勾结法院，查封了电车工人俱乐部，粗暴禁止工人集会。11 月 28 日，小规模的罢工发生。市政总工会决定于 12 月 1 日总罢工，"红队"队员出动，在一片紧张的气氛中，总罢工实现了。然而，电车工人的总罢工也只是名义上的。其间，总有部分电车时断时续地运营。12 月 2 日，电车工人全部进场上工。历时 26 天的总罢工，也以失败告终。

　　许白昊与郑覆他为上海工运的复兴做出了巨大的努力，但就最具代表性的浦东纱厂罢工和英商电车工人罢工而言，实际上都没有成功。原因当然是多方面的。客观上，革命转入低潮，敌我力量对比悬殊。主观上，从国民革命失败到苏维埃革命兴起的转折过程中，中国共产党在共产国际的指导下探索革命发展道路，尚未摆脱俄国革命模式，采取的是以中心城市暴动一举夺取政权的战略。这是不符合中国国情的战略构想。策

英商电车公司工人在外国监工的监视下劳动

略上，过于倚重激烈的手段。自蒋介石大屠杀以来，上海工人群众惨遭打击，工会体系受损严重，虽然部分骨干分子充满复仇情绪，敢冲敢打，但普通工人群众则在屡次失败中心存疑虑了。重整队伍需要时间，在没有准备好的时候，仅由少数人逼着行动，不可能不发生脱离群众的盲动主义。至于反对工统会，拒绝利用合法手段，也与计划第四次暴动夺取政权直接关联。这些后来都成为国统区斗争的历史经验，也是坚持革命的历史代价。

11 月扩大会议决定在 1928 年适当时候，召开党的第六次全国代表大会。1928 年 1 月 22 日，许白昊与项英、郑覆他联名给党中央写信，提议党中央于党的六大前征求各地意见，信中说：

保和先生：

全国第六次大会将到了，此次大会关系于党及革命前途，万分重大。关于此次扩大会议所拟各种重要问题草案及党的许多建设问题，当然不能在短期大会中能完满解决而普及全党，尤其在目前严重时局之下，比较人数多而时间久之大会，不能如愿。因此，我们向先生提议：

（1）由中央通告各级党部开始讨论大会中之问题及发表各种意见，以供大会参考。

（2）中央在目前至大会期间将出一种刊物，专登载及发表各党部及各同志对于大会之意见。

（3）特此建议并希采纳为盼。

项英

许白昊

郑覆他

一九二八年一月二十二日

1928年2月7日，湖北全省总工会第二次代表大会在武汉秘密举行，许白昊被选为省总工会执行委员，向忠发也在名单中。许白昊早已调离湖北，此次仍被当选，想来经过八二总同盟罢工

许白昊、项英、郑覆他联名写给党中央的信

和年关暴动，武汉的工运领袖牺牲太多了，重新组织工会队伍，唤起工人群众，都有必要利用许白昊的影响力。

为众生而牺牲

2月9日至12日，许白昊出席了中华全国总工会秘密举行的第一次执委扩大会议。会议贯彻中共中央十一月扩大会议精神，通过了《全国总工会目前总任务议决案》和大会宣言等文件。

2月17日，上海总工会召集各工会负责人召开秘密会议，传达贯彻全国总工会第一次扩大会议精神。会议地址被侦探获得，英租界巡捕房前往查获，许白昊、郑覆他等人当场被捕。

秦怡君从项英的妻子那里得到许白昊被捕的消息。1927年10月，秦怡君才经罗亦农安排，找到许白昊的住处。夫妻别后重逢，欢愉的心情冲淡和缓解了秘密斗争的紧张情绪。不料大年除夕，土匪给房东寄恐吓信，丢了一个土制炸弹，把房子玻璃都震破了。第二天，许白昊和秦怡君赶紧搬家，且只得暂时分开居住。没想到这一分开，竟然再也见不到了。

许白昊进了巡捕房。次日，即转解到淞沪戒严司令部。当时，戒严司令为熊式辉，他下令将许白昊等人暂时监禁于龙华狱中。

在龙华监狱，许白昊利用一切机会，秘密成立了狱中地下党

许白昊画像

组织，设法保护未暴露身份的同志；带领狱中同志高唱《国际歌》《少年先锋队队歌》等革命歌曲，引起狱中敌人的极大恐慌；同敌人展开不同形式的坚决斗争。挖出了深藏党内、敌人有意放进狱中指认、诱供的大叛徒唐瑞林（原江苏省委浦东区委书记、后任上海总工会秘书，他的舅父缪斌是蒋介石的得力干将，他早就和舅父勾结，以缉捕到更多的中共重要人员）；并积极开展狱中自救行动，将狱中情况及时传递给监外的党组织。由于陈乔年刚从湖北调来上海，身份还未暴露，叛徒不认识他。许白昊与郑覆他、张维桢（解放后任第五届全国政协常委、中顾委委员）等秘密研究营救他的计划。许白昊认为，陈乔年一旦暴露，必定要被敌人杀害，提出采取"李代桃僵"之计，设法先将陈乔年救出，以后再想办法营救充当陈乔年的同志。大家一致同意此办法，打算由叛徒唐瑞林不认识的周之楚（总工会秘书、刚从上海交大调来市总工会）顶替他的职务。周之楚十分英勇，当即允诺，愿以自己的牺牲来保全陈乔年的生命，这一切都在按计划进行。不料，周之楚的父亲是华侨大商人，出于怜子之情也四处托人营救他，反倒使敌人间接发觉了陈乔年的真实身份，导致整个营救计划失败。许白昊、陈乔年被捕后，党中央非常重视，曾指派中央政治局常委、时任中央组织局主任罗亦农负责营救。也是由于叛徒唐瑞林的告密，罗亦农于 1928 年 4 月 15 日下午，在家不幸被捕入狱，并在狱中很快被叛徒指认。被捕时的前一分钟，时任中共中央秘书长的邓小平，刚与罗亦农谈完工作离开，幸免于难。

1928 年 6 月 6 日，蒋介石即令淞沪警备司令钱大钧，将许白昊、陈乔年、郑覆他就地处决，并将许白昊等三人单独监禁，将狱中其他人员另解往漕河泾监狱。难友们知道许白昊等人即将被处决，临刑前，狱中的同志问许白昊有什么要交待的，他泰然自若地叮嘱同志们："你们要好好学习，把身体养好，将来出去继续革命工作。"年仅 29 岁的他，壮烈牺牲于龙华的枫林桥畔。

悼陳喬年鄭覆他許白昊三同志！

陳喬年鄭覆他許白昊三同志已於本月六日被害了。

陳喬年同志，他是中國共產黨的中央委員，他在北京工作二年，與被張作霖殺害之李大釗同志，一起領導一九二五——一九二六年北方的革命運動。「三一八」之役，他在執政府門前被段祺瑞衞兵刺傷頭，爲幾乎致死。

一九二七年春，他到漢口代表北方區參與中國共產黨的第五次全國大會，此後就留在湖北，爲湖北省委組織委員。去年年底，他又改調至江蘇省委工作。

鄭覆他同志，他是一個靑年印刷工人，在五卅運動以前卽已加入中國共產黨，五卅中努力領導上海工人鬥爭，爲上海運動有力的領袖之一。前年上海二次暴動時，他被李寶章所捕，禁錮多日，幾及於槍。將介石反動後，上海總工會受巨大摧殘，他逃從漢口参與工人第四次勞動大會以來，遂爲上海工人最熱烈擁護的一個領袖，擔負上海總工會的工作。今年二月開他與喬年同志同時被捕，最近幷同時槍斃。

許白昊同志，有名的二七罷工後，他在漢口被捕，當時有已槍決之傳聞，國內外無產階級曾爲他開盛大的追悼會。他隨後出獄，立卽又從事於革命運動，在漢口爲領導工人經濟鬥爭及推翻直系政權而奮鬥。與吳佩孚鬥後，漢口工人運動得公開自由，他被聘爲湖北全省總工會秘書長。汪唐的兩湖反動後，他離開湖北到上海工作，爲上海總工會領袖之一。今年他與陳鄭二同志同時被捕并同時槍斃。

上海無產階級及全中國革命民眾，對此三同志之死，是無須乎哭泣的，他們牢牢記住，他們將推翻反勋的暴神資產階級的統治，以紅色的恐怖對待這些被治者，爲陳鄭許三同志及以前犧牲的諸同志，復仇！

《布尔塞维克》登载的悼文

1928 年 6 月 15 日刊登在《布尔什维克》第 1 卷第 21 期的《悼陈乔年郑覆他许白昊三同志!》里写道:

> 陈乔年郑覆他许白昊三同志已于本月六日被害了。
>
> ……
>
> 许白昊同志,他是汉口工人暴动最早的领袖之一。有名的二七罢工后,他在汉口被捕,当时已有枪决之传闻,国内外无产阶级曾经为他开盛大的追悼会。他随后出狱,立即又从事于革命运动,在汉口为领导工人经济斗争及推翻直系政权而奋斗。吴佩孚倒后,汉口工人运动得公开自由,他被举为湖北全省总工会秘书长。汪唐的两湖反动后,他离开湖北到上海工作,为上海总工会领袖之一。今年他与陈郑二同志同时被捕并同时枪毙。
>
> 上海无产阶级及全中国革命群众,对此三同志之死,是无须乎哭泣的,他们牢牢记住,他们将推翻反动的豪绅资产阶级的统治,以红色的恐怖对待这些恐怖者,为陈郑许三同志及以前牺牲的诸同志,复仇!

1928 年 9 月 24 日,项英为许白昊作传,怀着对亲密战友的深沉追念,挥笔写下烈士的英雄业绩,高度评价了他对中国革命的贡献。项英写道：

> 白昊同志他一生是为中国无产阶级谋解放而努力而奋斗。他是最刻苦耐劳而最勇敢忠诚的共产党员。他是中国一切反革命者最仇视而欲杀害的，终至被军阀蒋介石枪毙而牺牲了。他是中国工人群众中最能干的勇敢的战斗员与先锋。白昊同志为中国无产阶级谋解放而牺牲了，为实现共产主义运动而流血了！中国无产阶级及一切劳动群众，更因为他的牺牲与流血而激进他们的阶级觉悟与阶级斗争的勇气，以打倒他的一切敌人，而完成中国革命！

1930 年 6 月，邓中夏在莫斯科参加中共六大和共产国际会议期间，写下了《中国职工运动简史》，这是我国第一部工运史专著。身处异国他乡，手头并无多少文字资料可供参考，可他的书中仍有多处记载了许白昊。1936 年夏秋，在陕西保安的窑洞里，毛泽东与美国记者斯诺秉烛夜谈，讲到党成立初期的情况时，说到湖北，毛泽东只提到三个人，就是董必武、许白昊和施洋。可见许白昊在他心目中的分量。

1925 年 6 月 3 日，上海《民国日报》副刊《觉悟》文艺

许白昊革命烈士证书

专栏刊载了署名"白天"的《鹃血》。"我心成碎片，我愤破胸膛，我愿淌干眼泪，洗净大千世界，我愿洒尽碧血，参透昏聩人生。于是，我将全个的心底碎片，如乱丝般的情绪，谱为调子，悲哀沉痛的调子，拼命地歌拼命地唱。悲哀沉痛地歌唱，也许唤醒众生的酣梦，知觉宇宙的渺茫，人生的暗淡我歌喉低哑，我眼泪淌干，我心血洒尽，我便死也甘心，死也愿意。"这是许白昊的诗作，以后他用自己的一生实践了这豪迈的诺言。

鹃血

呵，春呵！

血为你而温泉般腾沸，

心为你而流水般悠长，

歌更婉转而响亮。

唉！哪知道：

恩爱万般千般，

空博若个收场！

到于今：

抑不住的惆怅，

说不出的凄怆！

呵，春呵！

你忒荒唐，

撒手长逝，

休说天长地久，

地久天长！

呀，春，你多么的忍心呀！忍心抛弃明媚的景物，舒适的境地，千万崇拜你的人，还有恋你和你爱的人而长逝。原说你是多情的种子，哪知道，你是这样的无情！

想当初，流离沦落的我，东漂西浪，吃尽百般苦楚，受够了世态炎凉。酷日肆其处，四方八面的压迫，像要热死了我才称心。秋天多么的萧瑟呀，鼓动我的秋怀，引诱我的秋绪。那时候，我像要发疯，真个要发疯了。天地虽大，那有归宿之所？那是多么的失望，又是多么的悲哀。徘徊歧路，简直闷得要死！

我愿隐迹于深山，渴饮山泉，饥餐果实，细嫩的枝叶，可以栖身盖体，可以结伴联踪，过那安逸的日子。我愿沉于大海，随流而移，依浪而翻，干干净净地了却一世。山虽有鸥鸫之猛，海虽有鲸鲵之凶，那不过一刹那的苦痛，还可灭我尸体，免留几根残骨，存于世间。

可奈，林中枝叶，太单调了，它只会依一定的式样而跳舞，依一定的腔调而怪叫。大海过于广漠了，它只会勾人茫无涯岸之感，兴人渺无边际之悲。那不是安乐的境地，那不是慰安的使者！然而，何以藏这身，何以了这生呢？失望了，失望的悲哀，巴不得自动地一刀两截为痛快！

唉，那是青年的悲哀，青年的悲哀！我烦恼，我悲哀，哪里来宽慰的言辞，哪里来同情的声调。我悲身世的飘零，我悲宇宙的寂寞！可不是，广漠泛大的宇宙，阴沉地何曾充满生趣悠深神秘的生命，麻木地何曾赋有灵性。我十二分的后悔，后悔不该鲁莽地到这世界上来！

我心成碎片，我愤破胸膛，我愿淌干眼泪，洗净大千世界，我愿洒尽碧血，参透昏聩人生。于是，我将全个的心底碎片，如乱丝般的情绪，谱为调子，悲哀沉痛的调子，拼命地歌拼命地唱。悲哀沉痛地歌唱，也许唤醒众生的酣梦，知觉宇宙的渺茫，人生的暗淡我歌喉低哑，我眼泪淌干，我心血洒尽，我便死也甘心，死也愿意，这样地死，可不胜为鸥鹈的食粮、鲸鲵的席珍吗？

　　亲爱的夜莺哥哥，你不要太活泼了。普天之下，哪一处不是网罗，都可以束缚你的自由。只有我的春，伊可以给你们以生趣。亲爱的桃花妹妹，可怜呀！夏之神正在鞭策你了。怪不得你这样憔悴。只有我的春，伊可以长你们的生趣。然而我的春呢？伊是去了，去在哪里？

　　但是，我们的泪预备洗净大千世界，我们的血预备洒透昏愦众生呀！春去了，不哭春：应留有用的精神，为众生而努力，为众生而牺牲。潦倒吗？挫折吗？不怕！不惜！求只求广漠的宇宙，昏愦的众生，能为我们的歌唱而觉醒。于是，我那悲哀沉痛的调子，又在拼命地歌拼命地唱：

　　我将洒干热泪，

　　我将洒尽碧血；

　　嘶我的歌喉，

毁我的尸体；

在黯淡的宇宙中，

破其岑寂，

在憧憬的众生里，

添其生趣，

呀，

宇宙是人生的结晶，

人生是血泪的背影；

洒吧，淌吧，

干了，涸了，

浸透热烈的人生，

造成伟大的宇宙。

我叫起闺妇的深思，我唤醒游子的离魂，因为我的歌唱，赚不少旷夫怨女的眼泪。但是，这是我血泪的报酬吗？不然，不然，美丽的，伟大的春，是为我悲哀沉痛的调子而来的。然而，伊又去了，归去何处？目见得宇宙还是寂寞，人生还是无聊。咳万恶的造物哟，老是这样地纠缠，老是这样地颠倒！呀，春。难得你春花般的芳艳，春风般的温柔，春蚕般的多情，沦落如鹃，如何消受，如何消受？不知道是你命薄呢？还是我福浅？一刹那的聚会，由不得不感其轻快。如其天假你以年，别说你受尽人间的崇拜，便福浅如鹃也多得几时的慰乐。虽然，明年花信，也许你有复活的希望。但是，春你要知道，萧瑟如鹃，生命的末日，或将迫不及待。这时候是我恋你不忘，那时候，怕是你悼我不见了。在我呢？惯于风尘的，虽然因你而悲哀，虽然为你而烦恼，其实，损及我身，没有多大的痛苦。没有多大的影响。可是你，亲爱的春，伟大的春，倘你因我而伤神，那便全世界都消失其光明，有生命的事物，都将为你而枯萎。

呀，春，你是去了。忍心地不别而去，我是不敢强留也是不能强留，只好挤着眼泪，望你姗姗其行，用婉转声音，哀哀地唤。但是你，你却掉首不顾。不知道你是惨不忍闻，还是听而不闻？我不敢责你负心，只自伤我缘悭；那我不怨你坚决归去，只自惜我留你不住。但是，那是造物的狡猎，我们岂能自主。唉！从今后我将永不复哭，我将永不复歌，甚至将毁灭我的躯体。

但是春，也许你会知道。知道我是这样的悲苦，也许你会怀恋，怀恋你那命薄于花的啼鹃。是的，我的情绪，你决会一丝丝理会；你既理会得我的情绪，自然地知我现在所处的境地。然而你却一切不顾，倏然长逝了！呀，沉沦半生，始遇知己，为欢无多，一旦长别，我非木偶，岂能忘情？到如今，别无可说，只赢得一声声不如归去不如归去！

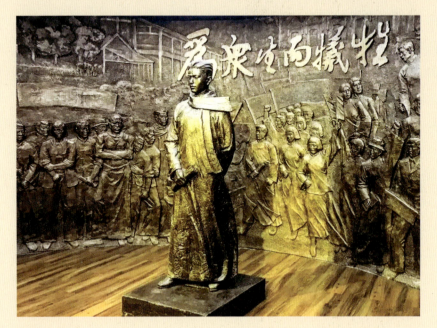

许白昊雕塑

许白昊大事年表

1899 年

6 月 9 日　出生于湖北省应城县富水河畔杨湾村一户农家。

1917 年

春　考入湖北甲种工业学校，学习机械。

1919 年

夏　参加武汉地区五四运动。

秋　到江浙一带做工。

1920 年

11 月　加入上海机器工会成为会员。

1921 年

8 月　中国劳动组合书记部成立。不久，为其工作人员。

10 月　在《劳动周刊》发表《工人歌》，署名"赤光"。

11 月 1 日　到达满洲里，准备去俄罗斯。

1922 年

1 月 21 日至 2 月 2 日　出席共产国际举办的远东民族代表大会。

4月9日　在《民国日报》副刊"觉悟"发表《劳动团结易，劳动组织难》，署名"白昊"。

4月13日　在《民国日报》副刊"觉悟"发表《工读主义者应该认清的教训》，署名"白昊"。

5月1日至6日　在广州出席第一次全国劳动大会，任大会审查委员。

5月5日至10日　在广州出席中国社会主义青年团第一次全国代表大会，任大会组织委员会委员。

7月16日至23日　在上海出席中国共产党第二次全国代表大会。

7月22日至26日　领导汉阳钢铁厂罢工。胜利后，成立工会，任秘书。

7月23日　武汉工团临时联合会成立。汉阳钢铁厂罢工结束后，转为武汉工团联合会，为负责人之一。

9月　领导粤汉铁路工人罢工。

10月　领导硚口英美烟厂罢工。

11月26日　湖北全省工团联合会领导机构产生，任秘书科主任。

12月10日　汉冶萍总工会成立，任秘书。

1923年

1月　作为省工团联代表之一，参加解决英美烟厂罢工的调

　　　　　　　　　　　　许白昊画传

停谈判。

2月1日　以《劳动周刊》记者的身份，参加在郑州举行的京汉铁路总工会成立大会，当晚返汉。

2月4日　京汉铁路全线举行总同盟罢工。

2月6日　到江岸慰问罢工工人，发表演说。

2月7日　京汉铁路大罢上被直系军阀镇压，省工团联被封闭，受警方通缉。

3月　任中共武汉区委秘书。

11月　围绕林育南出席青年团二大代表资格发生风波，作为当事人，多次出席有关会议、写信，说明情况。

1924年

1月22日　出席恽代英主持的临时会议，林育南代表资格风波问题得以解决。

4月　中共武汉区委撤销，改为武昌地委、汉口地委，任汉口地委秘书。

4月　国民党汉口执行部成立，任组织部干事。

5月13日　因秘密机关被破获而被捕，后被解送洛阳入狱。

1925年

1月　获救出狱。

4月　湖北全省工团联恢复，为负责人之一。

5月1日至6日　在广州出席第二次全国劳动大会。

5月21日　国民党汉口特别市党部成立，为成员之一。

6月3日　在《民国日报》副刊"觉悟"发表《鹃血》，署名"白天"。

7月8日　武汉工学联合会成立，为负责人之一。

10月　任中共武汉地委委员，兼职工运动委员会书记。

12月　武汉工人代表会成立，为负责人之一。

1926年

2月15日　国民党湖北省、汉口特别市党部成立临时政治委员会，为委员。

3月15日　写通信《武汉工人遭受的厄运》，署名"白昊"，《向导》周报第148期发表。

5月1日至12日　在广州出席第三次全国劳动大会，为主席团成员，代表武汉代表团报告武汉工运情况，当选为全总执行委员。

5月14日　出席全总二届一次执委会议。

7月16日　写通信《武汉最近的几次工潮》，署名"白天"，《向导》周报第166期发表。

7月27日　根据中共湖北区委决定，退出国民党汉口特别市党部监察委员会。

8月　组织兵工工人、交通工人迎接北伐。

9月14日　出席武汉工人代表会恳亲会。

9月17日　中华全国总工会汉口办事处，与武汉工人代表会同一处办公。

9月21日　出席全总汉口办事处召集的武汉各工会代表会议，代表武汉工人代表会作报告。

10月10日　主持湖北全省总工会成立大会，当选为省总工会秘书长。

10月24日　出席省总工会举办的欢迎广东省工农代表团大会，致欢迎词。

11月29日　代表省总工会参加解决湖北劳资问题临时委员会，参加起草该会办事细则。

12月17日　向武汉临时联席会议报告解决湖北劳资问题委员会工作情况。

12月31日　湖北全省总工会第一次代表大会预备会召开，被推选为大会主席团成员、提案审查委员会委员。

1927年

1月1日至10日　出席湖北全省总工会第一次代表大会，为大会主席团值日主席之一。其间，与向忠发联合作了会务报告，与李立三联合作了工会经济问题报告和经济争议问题报告。

1月3日下午 向武汉临时联席会议报告英水兵惨杀江汉关前集会群众情况。

1月7日 出席汉口和记蛋厂劳资纠纷第一次仲裁会，经过三次会议，劳资纠纷得到解决。同日，以全省总工会第一次代表大会主席团值日主席身份联署的"各工友严行侦查反革命派"通告，在《汉口民国日报》刊登。

1月10日下午 出席解决湖北劳资问题临时委员会第八次会议。

1月11日 湖北全省总工会执行委员第一次会议召开，被选为常务委员，任省总工会财政部长兼经济争议委员会主任。

1月22日 出席省总工会第三次执委会议。

1月27日 出席解决湖北劳资问题临时委员会第12次会议，任主席。

2月11日 代表省总工会出席在市党部举行的解决汉阳机业纠纷仲裁会。

2月17日 出席解决湖北劳资问题临时委员会第15次会议。

2月19日 出席省总工会第4次执委会议，决定设立职业介绍所，被推为委员。

2月20日下午 出席中华全国总工会执行委员扩大会议。

3月6日上午　在省总工会为教育委员会主办的工会教职员会议作湖北工人经济斗争报告。同日，代表省总工会出席省、市两党部在汉口普海春酒楼举办的欢宴全省农民代表大会暨河南武装农民代表活动，作讲演。

3月10日　出席解决湖北劳资问题临时委员会第18次会议。

3月28日　出席解决湖北劳资问题临时委员会第22次会议。

4月24日　湖北省、汉口市两党部会同省总工会组织革命裁判委员会，省总工会以向忠发、刘少奇、许白昊、项英为委员。

4月27日　中国共产党第五次全国代表大会召开，当选为中央监察委员。

5月16日　出席省总工会与市商民协会两会全体执委联席会议，讨论关于工商联合问题。

5月22日　出席省总工会与市商民协会两会全体执委联席会议，通过关于工商联合问题的一系列决议。

5月28日　出席在汉口血花世界举行的武汉工商联合代表大会，为主席团成员，作演说。

5月30日　出席省总工会与市商民协会两会全体执委联席

会议，决定成立工商俱乐部，负责解决工商纠纷一般问题，为代表省总工会的三委员之一。

6月19日至29日　出席在汉口血花世界举行的第四次全国劳动大会，当选为中华全国总工会新一届执行委员。

6月30日　出席中华全国总工会执行委员第一次会议。

7月2日　出席省总工会在汉口血花世界举行的各工会代表会议，作演讲。

7月9日晚　出席国民党中央工人部召开的工兵联席会议，演说工兵联合的必要性。

7月14日下午　出席省、市两党部工人部联合举行的工人运动委员会，负责起草决议草案。

7月25日　在《汉口民国日报》刊登启事，声明与湖北工人同生死共患难，批驳所谓"卷款潜逃""总工会已改组"的谣言。

8月　奉调上海，任上海总工会党团书记。

10月至11月　组织沪东纱厂、英商电车工人大罢工。

1928年

1月7日　与项英、刘少奇联名致信中共中央，请求查清湖北全省总工会存于湖北省委的工会经费下落。

1月22日　与项英、郑覆他联名致信中共中央，提议就党的六大召开有关问题征求各地意见。

2月7日　湖北全省总工会第二次代表大会在武汉秘密举行，被选为省总工会执行委员。

2月9日至12日　出席中华全国总工会秘密召开的第一次执委扩大会议。

2月17日　出席上海总工会秘密会议，被公共租界巡捕房逮捕。翌日，被转解到淞沪戒严司令部。

6月6日　与陈乔年、郑覆他同时牺牲于上海龙华。

参考文献

1. 中华全国总工会中国职工运动史研究室编：《中国工会历史文献》第 1 卷，工人出版社 1958 年版。

2. 中华全国总工会中国工人运动史研究室编：《中国工会历次代表大会文献》第 1 卷，工人出版社 1984 年版。

3. 中华全国总工会中国工人运动史研究室编：《中国工运史料》第 1—8 期，工人出版社 1984 年版。

4. 刘明逵、唐玉良主编：《中国近代工人阶级和工人运动》第 4—7 册，中共中央党校出版社 2002 年版。

5. 中共一大会址纪念馆编：《中共首次亮相国际政治舞台（档案资料集）》，上海人民出版社 2016 年版。

6. 中华全国总工会工运史研究室等编：《二七大罢工资料选编》，工人出版社 1983 年版。

7. 中央档案馆编：《革命烈士传记资料（资料选辑）》，中共中央党校出版社 1983 年版。

8. 曾成贵：《中国工运历史英烈传——许白昊》，中国工人出版社 2017 年版。

许白昊画传

9. 亦石：《秦怡君遗稿》，《武汉党史资料》1984 年第 3 期。

10. 刘明逵、唐玉良主编，曾成贵著：《工人运动史》第 3 卷，广东人民出版社 1998 年版。

11. 武汉市总工会工运史研究室编：《武汉工人运动史》，辽宁人民出版社 1987 年版。

12. 沈以行、姜沛南、郑庆声主编：《上海工人运动史》上卷，辽宁人民出版社 1991 年版。

13. 张新平：《浩气贯江城　热血洒龙华——许白昊烈士传略》，载《应城烽火》第 2 辑，中共应城县委党史资料征编办公室 1985 年版。

14. 胡云秋、陈乃宣：《许白昊》，载《中共党史人物传》第 30 卷，陕西人民出版社 1986 年版。

15. 中共湖北省委党史研究室编：《中国共产党湖北历史图志》，中国地质大学出版社 2001 年版。

16. 中共武汉市委党史研究室编：《中国共产党武汉历史图志》，武汉出版社 2001 年版。

后 记

　　许白昊，1899 年 6 月 9 日，出生在湖北应城县城南富水河畔杨湾的一个农民家庭，他青少年时立志高远，决当做中国有用之人，并毅然走出家门到武汉、上海求学谋生。1922 年初加入中国共产党。他出席过第一至四次全国劳动大会、中国共产党二大及五大等重要会议；曾担任中共湖北区委、湖北全省总工会主要负责人，中华全国总工会第一至三届执行委员、中共中央首届监察委员会委员、中共中央工人运动委员会委员、上海总工会党团书记兼组织部长等职务。他自踏上革命的道路开始，初心许党，忠诚担当，矢志不渝，直至为共产主义事业奋斗到最后一刻。

　　许白昊是中国工人运动的先驱。从成为上海机器工会的会员开始，许白昊走上中国工人运动的伟大道路。许白昊在工人运动中成长。在上海，与中国劳动组合书记部的同志一道，帮助上海工人建立了上海烟草工会、印刷工会、纺织工会浦东分会、邮务友谊会、海员工会等工会组织；组织上海各工会代表团，召开工界外交大会、五一纪念大会和示威游行；组织领导上海日华纱厂、上海邮局工人罢工等斗争；举办工人补习学校、工人子弟学校。在湖北，创建了武汉分部机关报《劳动周报》，该报很快成为武汉工界的喉舌，独树一帜。他带领中国劳动组合书记部武汉分部的同志，参与组织领导了粤汉铁路工人、汉口租界人力车夫、硚口英美烟厂工人和汉阳钢铁厂工人等大罢工，并最终取得了斗争的胜利。迅速打开了党在武汉开展工运的新局面，"开辟了武汉工人运动的新纪元"。许白昊所领导的一系列轰轰烈烈的工人运动，唤醒了广大工人的觉悟，促进了工人阶级的发展壮大。

许白昊同志的一生，是革命的一生，战斗的一生。时代的风雨雷电，把他磨砺成为一位工人运动的先驱；革命的斗争烈火，把他锤炼成为一位坚强的无产阶级先锋战士。正如他在《鹃血》一文中所写的："我心成碎片，我愤破胸膛，我愿淌干眼泪，洗净大千世界，我愿洒尽碧血，参透昏聩人生。于是，我将全个的心底碎片，如乱丝般的情绪，谱为调子，悲哀沉痛的调子，拼命地歌拼命地唱。悲哀沉痛地歌唱，也许唤醒众生的酣梦，知觉宇宙的渺茫，人生的暗淡我歌喉低哑，我眼泪淌干，我心血洒尽，我便死也甘心，死也愿意。"这是许白昊的诗作，以后他用自己的一生实践了这豪迈的诺言。

本书撰写过程中，得到了许白昊侄孙许振斌同志的大力支持，为我们提供了许多珍贵的历史资料。由于撰写时间仓促，因此在文稿图片内容上有所疏漏之处，还请广大专家读者批评指正。

作者

图书在版编目(CIP)数据

许白昊画传/中共上海市委党史研究室,龙华烈士
纪念馆编;周春燕著. —上海:上海人民出版社,
2021
ISBN 978-7-208-17215-9

Ⅰ.①许… Ⅱ.①中… ②龙… ③周… Ⅲ.①许白昊
(1899-1928)-传记-画册 Ⅳ.①K827=6

中国版本图书馆 CIP 数据核字(2021)第 132753 号

责任编辑 李　旭
封面设计 周伟伟

许白昊画传
中共上海市委党史研究室
龙 华 烈 士 纪 念 馆　编
周春燕　著

出　　版　上海人民出版社
　　　　　(200001　上海福建中路193号)
发　　行　上海人民出版社发行中心
印　　刷　上海中华印刷有限公司
开　　本　720×1000　1/16
印　　张　12.25
字　　数　104,000
版　　次　2021年7月第1版
印　　次　2021年7月第1次印刷
ISBN 978-7-208-17215-9/K·3103
定　　价　58.00元